教育部人文社会科学青年基金项目"自然遗产保护的现实困境与法律对策"（11YJC820078）结项成果

马明飞◎著

自然遗产保护的立法与实践问题研究

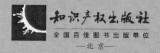

知识产权出版社

全国百佳图书出版单位

—北京—

图书在版编目（CIP）数据

自然遗产保护的立法与实践问题研究 / 马明飞著 . — 北京 : 知识产权出版社， 2020.9
ISBN 978-7-5130-7104-8

Ⅰ.①自… Ⅱ.①马… Ⅲ.①自然遗产—法律保护—立法—研究—中国 Ⅳ.①D922.604

中国版本图书馆 CIP 数据核字（2020）第 145557 号

内容提要

本书从立法和实践的角度，采用比较研究、案例研究等方法，分析了自然遗产保护国际、国家立法的缺陷，以及自然遗产保护所面临的困境，论述了我国自然遗产保护的法律现状、问题，并提出相应的对策与建议。

责任编辑：高　源　　　　　　　　　　　　责任印制：孙婷婷

自然遗产保护的立法与实践问题研究
ZIRAN YICHAN BAOHU DE LIFA YU SHIJIAN WENTI YANJIU

马明飞　著

出版发行：知识产权出版社有限责任公司	网　　址：http://www.ipph.cn
电　话：010-82004826	http://www.laichushu.com
社　　址：北京市海淀区气象路 50 号院	邮　　编：100081
责编电话：010-82000860 转 8701	责编邮箱：laichushu@cnipr.com
发行电话：010-82000860 转 8101	发行传真：010-82000893
印　　刷：北京中献拓方科技发展有限公司	经　　销：各大网上书店、新华书店及相关专业书店
开　　本：787mm×1092mm　1/32	印　　张：8.125
版　　次：2020 年 9 月第 1 版	印　　次：2020 年 9 月第 1 次印刷
字　　数：200 千字	定　　价：68.00 元

ISBN 978-7-5130-7104-8

第一章

自然遗产及相关问题的界定

第一节　自然遗产的概念

一、自然遗产

关于自然遗产的基本概念，在世界范围内获得公认的是联合国教科文组织（UNESCO）于 1972 年在法国巴黎召开的联合国教科文组织第 17 届大会上通过的《保护世界文化与自然遗产公约》（*Convention Concerning the Protection of the World Cultural and Natural Heritage*，以下简称《世界遗产公约》）中对自然遗产所作的界定。《世界遗产公约》第 2 条规定："在本公约中，以下各项为'自然遗产'：从审美或科学角度看具有突出的普遍价值的由物质和生物结构或这类结构群组成的自然面貌；从科学或保护角度看具有突出的普遍价值的地质和自然地理结构以及明确划为受威胁的动物和植物生境区；从科学、保护或自然美角度看具有突出的普遍价值的天然名胜或明确划分的自然区域。"《世界遗产公约》从自然面貌、地质地理结构和动植物生境区、天然名胜和自然区域这 3 个方面确定了自然遗产的范畴。❶

---

❶ 刘红婴.行进中的自然遗产及其价值[J].遗产与保护研究，2017（6）：29.

《世界遗产公约行动指南》(*Operational Guidelines for the Implementation of the World Heritage Convention*，以下简称《操作指南》)第 44 段 a 对自然遗产提出以下标准：①代表地球演化各主要发展阶段的典型范例；②代表陆地、沿海和海上生态系统植物和动物群的演变及发展中的重要过程的典型范例；③具有绝妙的自然景象和艺术价值；④最具价值的自然和物种多样性的栖息地，包括有珍稀价值的濒危物种。

一个国家一旦签署了《世界遗产公约》，就可以对符合以上条件的本国的自然遗产进行提名，使其列入《世界遗产名录》。也许最初对某一遗产地提名的是一组当地人，但最终必须由该国政府将提名呈交给联合国教科文组织。具体程序为：①缔约国决定可以提名哪些自然遗产，这个过程被称为识别；②缔约国列出预备清单，并将所申报的遗产项目资料报送世界遗产中心；③世界遗产中心对申报资料进行审核，看材料是否完整，是否符合申报的技术性要求；④世界遗产中心将材料传给自然资源保护联盟（IUCN），自然资源保护联盟派专家到实地考察评估遗产的价值、完整性及保护管理的状况等；⑤自然资源保护联盟将评估报告呈报世界遗产中心；⑥世界遗产委员会在次年的大会上最终作出列入、推迟考虑、不予列入的决定。

二、自然遗产的内涵和外延

从以上定义中可以看出，《世界遗产公约》及其《操作指南》对自然遗产的界定，都是指地球上某些占据一定空间、具有普遍价值的特定的自然区域。随着时代的发展和客观形势的变化，这一定义已无法满足现实的需要，无论是内涵还是外延都显得过于狭窄。首先，就内涵而言，是不是所有的自然遗产必须是自然区域？在现实中，许多自然遗产与文化遗产是你中有我，我中有你的，也就是说在自然遗产中加入了许多人为因素。如果仅仅因为这些非自然的因素的存在，就将其排斥在自然遗产范围之外的话，显然不利于自然遗产的保护。一些国家在适用《世界遗产公约》时，也明显地感觉到了这一问题。值得注意的是，2004年开始适用的《欧洲景观公约》提出了"文化景观"这一全新概念，并指出"景观是一片被人们所感知的区域，该区域的特征是人与自然的活动或互动的结果"，同时对景观的理解发展为"是一种自然力量和人类行为共同作用的结果"，而且强调"景观形成一个整体，该整体是自然与文化结合在一起的成果，是不可分离的"❶。文化景观蕴含了人与自然彼此作用和演化的过程，体现了人类在自然界中的生存形式，它是客观广泛存在的。对具体文化景观的认知，需要将一定地域内所包含的全部自然与非自然要素及其相互关系整体纳入研究。❷这一全新概念的产生，扩大了自然遗产内涵，即作为一项自然遗产除了自然的因素外，同样可以存在人工的因素。其次，就外延而言，《世界遗产公约》对自然遗产的界定仅局限于一定的区域，那些珍稀的动植物资源是否属于自然遗产的范畴？例如，类人猿作为濒临灭绝的动物资源具有重要的科研价值，它显然不属于文化遗产，但是根据《世界遗产公约》的规定，又难以将其归于自然遗产。《欧洲野生生物和自然界保护公约》突破了这一界限。该公约将自然遗产的界定进行了扩展，认为那些必须传给后代的、具有固有价值的，而且在

❶ DÉJEANT-PONS M. The European Landscape Convention[J]. European Spatial Planning and Landscape, 2006, 77（4）: 7-19.

❷ 邓可，宋峰.文化景观引发的世界遗产分类问题[J].中国园林，2018（5）: 112.

维持生态平衡方面发挥着基本作用的野生动植物也可以构成自然遗产。

可见,《世界遗产公约》对于自然遗产的定义,无论在内涵还是在外延上都显得过于狭窄。随着时代的发展,我们应当对自然遗产的定义进行扩大化解释。一方面,自然遗产并非只可以包含自然的因素,同样可以包含人工的因素;另一方面,自然遗产并非只能是自然区域,同样可以包括珍稀的野生动植物资源。

第二节　自然遗产的类型

一、自然遗产类型的纵向划分

自然遗产的纵向划分,是根据遗产价值程度的不同所作的区分。具体而言,自然遗产在纵向上,可分为世界自然遗产、国家自然遗产和地方自然遗产。世界自然遗产是《世界遗产公约》成员国根据公约及《操作指南》规定的程序,每年向世界遗产大会提出申请,由世界遗产大会进行审议并列入《世界遗产名录》的遗产。国家自然遗产是由地方政府按照程序申报的、被国家自然遗产主管部门批准通过的自然遗产。而地方自然遗产,则是地方行政机关认为在本辖区具有珍贵价值而实行自我保护的遗产。自然遗产纵向划分并不是一成不变的,随着时间和条件的变化,一项地方自然遗产由于其重要程度的增加,可能会成为一项国家自然遗产。而一项国家自然遗产一旦被政府提交给世界遗产大会,经大会审议通过后也可以成为世界自然遗产。

二、自然遗产类型的横向划分

大自然在其演进过程中形成了许多蔚为壮观的自然遗产，这些自然遗产形式各异、姿态万千。目前，世界自然遗产主要包括以下五种表现形式。

（一）国家公园

国家公园的概念源自美国，据说最早由美国艺术家乔治·卡特林（Geoge Catlin）提出。1832 年，他在旅行的路上，对美国西部大开发对印第安文明、野生动植物和荒野的影响深表忧虑，"它们可以被保护起来，只要政府通过一些保护政策设立一个大公园……一个国家公园，其中有人也有野兽，所有的一切都处于原生状态，体现着自然之美"[1]。之后，"国家公园"的概念被许多国家使用，尽管各自的确切含义不尽相同，但基本意思都是指自然保护区的一种形式。1872 年，美国国会批准设立了美国、也是世界最早的国家公园——黄石国家公园。国家公园是指国家为了保护一个或多个典型生态系统的完整性，为生态旅游、科学研究和环境教育提供场所而划定的需要特殊保护、管理和利用的自然区域。它既不同于严格的自然保护区，也不同于一般的旅游景区。建立国家公园系统的目的在 1916 年《建立公家公园管理局法》（*National Park Service Organic Act*）中得到了明确阐述，一是"保育风景名胜、自然的和历史的景物，以及与之相关的野生生物"；二是"以所规定的方式和通过所规定的用途供人欣赏或

---

[1] 国家公园：自然给人类的馈赠[EB/OL].（2014–08–08）[2020–03–26]. https://www.forestry.gov.cn/main/4294/20140808/698797.html.

娱乐，并为后代保留其未经改变的状态"。❶ 综观世界上各种类型、各种规模的国家公园，一般都具有两个比较明显的特征：一是国家公园自然状况的天然性和原始性，即国家公园通常都以天然形成的环境为基础，以天然景观为主要内容，人为的建筑、设施只是为了方便而添置的必要辅助。"具有极致自然现象或具有自然美景和美学特征的地区"❷，这是作为世界自然遗产遴选的第一标准。二是国家公园景观资源的珍稀性和独特性，即国家公园天然或原始的景观资源往往为一国所罕见，并在国内，甚至在世界上都有着不可替代的重要影响。在世界遗产中，国家公园当然以最具完整性地保持整体生态原貌的样例为选择目标，从而通过这些遗产项目诠释对自然的态度。❸

（二）湿地类自然遗产

"湿地"这一概念在狭义上一般被认为是陆地与水域之间的过渡地带；广义上则被定义为"包括沼泽、滩涂、低潮时水深不超过 6 米的浅海区、河流、湖泊、水库、稻田等"❹。《国际湿地公约》对湿地的定义是广义定义。按照广义定义，湿地覆盖地球表面面积仅为 6%，却为地球上 20% 的已知物种提供了生存环境，具有不可替代的生态功能。湿地能够过滤大地有害物质，养蓄有益物质，供给河流以源泉，控制洪水和防止土壤沙化，以有机质的形式储存碳元素，减少温室效应，保护海岸不受风浪侵

---

❶ 胡德胜. 西方国家生态文明政策法律的演进[J]. 国外社会科学，2018（1）：83.

❷ 刘新静. 世界遗产教程[M]. 上海：上海交通大学出版社，2010：187.

❸ 刘红婴. 行进中的自然遗产及其价值[J]. 遗产与保护研究，2017（6）：32.

❹ 参见《国际湿地公约》第1条第1款。

蚀，提供清洁方便的运输方式，堪称"地球之肾""天然水库"和"天然物种库"。❶湿地可以分为海域、河口、河流、湖泊、人工水面五类。

湿地最富有生物的多样性。湿地植物从生长环境看，可分为水生、沼生、湿生三类；从植物生活类型看，有挺水型、浮叶型、沉水型和飘浮型等；从植物种类看，有的是细弱小草，有的是粗大草本，有的是矮小灌木，有的是高大乔木。湿地动物的种类也异常丰富。因此，无论从经济学还是生态学的观点看，湿地都是最具有价值和生产力最高的生态系统。国际湿地是世界自然遗产的一部分，2009 年，湿地国际联盟组织正式开展了对国际湿地纳入世界遗产保护战略范畴的一系列行动。❷

（三）地质遗迹类自然遗产

地质遗迹是在地球历史时期由内力地质作用和外力地质作用形成的，反映了地质历史演化过程和物理、化学条件或环境的变化。这是人类认识地质现象、推测地质环境和演变条件的重要依据，是人们恢复地质历史的主要参数。地球在漫长的地质历史演变过程中形成了千姿百态的地貌景观、地层剖面、地质构造、古人类遗址、古生物化石、矿物、岩石、水体和地质灾害遗迹等，其中具有独特性和典型价值的地质遗迹。地质遗迹包括标准地质剖面、著名古生物化石遗址、地质构造形迹、典型地质与地貌景观、特大型矿床、地质灾害遗迹。由于地质演变而形成的自然景

❶ 葛萍. 人与湿地[J]. 中国档案，2012（85）：85.
❷ 世界遗产的分类及标准[EB/OL].（2010-12-07）[2020-03-18]. http: // www. docin. com/p-104523881. html.

观，即能够表现地球发展史上重要阶段的自然景观，是入选世界自然遗产名录的主要原因。❶

国际上对地质遗迹的保护工作十分重视，联合国教科文组织设立了地质遗产工作组，专门负责全球地质遗产保护工作。美国、加拿大、英国等发达国家先后制定了严格的法规体系，采取了一系列行之有效的保护措施。❷地质遗迹类自然遗产在《世界遗产公约》中占据突出的位置。

（四）地质地貌类自然遗产

地质地貌是自然地理环境中的一项基本要素，其与气候、水文、土壤、植被等有着密切的联系。地质地貌与岩石性质和地质构造的关系尤为密切，当地壳大幅度的上升时，会引起河流急剧下切，导致形成高山深谷的地貌形态。而地表形态的变化又导致山地的气候、植被的垂直变化，结果形成各类地貌在地域上的组合和垂向的分异。地质地貌类型按其形态分类，可把大陆地貌分为山地、高原、盆地、丘陵、平原五种类型。海底地貌可分为大陆架、大陆坡、大洋盆地及海底山脉等。在自然遗产中，存在大量的地质地貌类遗产，如美国卡尔斯巴德洞穴国家公园是由81个洞穴组成的喀斯特地形网，其各具特色的洞穴构成了一个多姿多彩的地下世界。1995年，联合国教科文组织将卡尔斯巴德洞窟国家公园作为自然遗产，列入《世界遗产名录》。❸再如，"中

❶ 刘新静.世界遗产教程[M].上海：上海交通大学出版社，2010：175.

❷ 王鑫，等.从世界遗产到地质公园[J].中国地质灾害与防治学报，2004（6）：131-133.

❸ E.马尔特比，等.生态系统管理——科学与社会问题[M].康乐，译.北京：科学出版社，2003：58-95.

国南方喀斯特"地形地貌奇观由云南石林的剑状、柱状和塔状喀斯特，贵州荔波的森林喀斯特，重庆武隆的以天生桥、地缝、天洞为代表的立体喀斯特共同组成，总面积达 1460 平方千米，是地质地貌的奇观。在 2007 年第 31 届世界遗产大会上，其通过审议，作为自然遗产列入《世界遗产名录》。

（五）濒危物种栖息地类自然遗产

"能代表陆地、淡水、海岸及海洋生态系统和动植物生长环境的典型生态、生物进程"[1]，这是世界自然遗产的评判依据之三。栖息地是指生物生活的空间和其中全部生态因子的总和，包括个体或群体生物生存所需要的非生物环境和其他生物。特别是对濒危物种而言，其栖息地的保护显得尤为重要。我国四川大熊猫栖息地于 2008 年在世界遗产大会上被作为自然遗产而列入《世界遗产名录》。目前，许多国家都已经制定了专门的濒危物种栖息地保护法。[2]美国国会于 1973 年制定了《濒危物种法》，于 1978 年引入了重要栖息地制度。1900 年，美国通过了第一个野生生物保护的联邦法律，即雷斯法案（Lacey Act）。为保护野生鸟类兽类，日本于大正七年（1918 年）发布了《鸟兽保护及狩猎法》，后来又陆续颁布了一系列有关野生生物及其栖息地保护的法律法规。[3]

---

[1] 刘新静.世界遗产教程[M].上海：上海交通大学出版社，2010：182.
[2] 王小钢.中国濒危野生生物栖息地法律保护多元性之缺失和完善[J].野生动物，2003（5）：4-5.
[3] 阮向东.加强我国野生动物栖息地保护法律制度建设的思考[J].林业资源管理，2014（1）：18-19.

第三节 自然遗产的特征与价值

一、自然遗产的特征

（一）不可再生性

自然遗产的珍稀性，在于它是不可复制、不可再生、无法替代的。自然遗产作为大自然赋予人类的宝贵财富，往往都是经过数万年或更长的时间，在历史的长河中慢慢演变而来。无论是奇峰峻岭、高山大川，还是珍稀的动植物资源，都是在地球长期演化的历史过程中，在一定阶段、一定条件、一定地区内，经历漫长的地质时期形成的。与人类社会的发展相比，其形成非常缓慢，与其他可再生资源相比，再生速度很慢，或几乎不可能再生。因此，对于人类来说，自然遗产是独一无二的，一旦受到破坏可能将永远不复存在。这一点在实践中也得到了充分的证明。位于巴西中部的潘塔纳尔自然保护区内栖息着 1000 多种动物，而且不少是珍稀动物和濒临灭绝的动物。这里还有世界上最大的湿地，2000 年被联合教科文组织列为世界自然遗产。但是这块湿地近年来受到了严重的破坏，且毁坏程度令人瞠目。根据 2018 年卫星拍摄图像显示的结果，潘塔纳尔湿地正以平均 2.3% 的速度在不断减少，如果继续下去，45 年以后，这块世界上最大的湿地将永远在地球上消失，湿地内生存的珍稀动植物物种也将不复存在。自然遗产的不可再生性决定了它的珍稀性，决定了在自然遗产的开发与利用过程中，保护永远是第一位的。

（二）世界性

世界遗产中心 2005 年编制的宣传册《世界遗产信息箱》曾声称："世界遗产是我们从祖先那里继承的馈赠，它属于世界上所有人，不论它们在哪片领土上。"❶ 1972 年的《世界遗产公约》也指出："考虑到部分文化或自然遗产具有突出的重要性，因而需作为全人类世界遗产的一部分加以保护。"这些规定传达了一个共同的信息，自然遗产并不属于某个人、某个国家，而是属于全人类，是人类共同继承的宝贵遗产。自然遗产的世界性决定了每一个国家或个人都有保护自然遗产的义务和责任。自然遗产的世界性使其不但跨越了疆域的边界，也跨越了代际的边界，它是全人类共同享有的自然财富。人类只有一个地球，正因为自然遗产是全人类的共同遗产，因此，保护自然遗产必须突破地域的限制，这是全人类共同努力的方向。

（三）原真性与完整性

原真性（Authenticity）和完整性（Integrity）是《世界遗产公约》中两个非常重要的概念。"原真性"的概念最早出现于《威尼斯宪章》中，"将原真性充分完备地传承下去是我们的职责"。该宪章主要针对欧洲文物古迹的保护与修复，其对于真实性的理解主要从整体环境、外观形式、材料构造等物质基础进行规

---

❶WORLD HERITAGE CENTER. World Heritage Information Kit. Paris: UNESCO. 2005［EB/OL］.［2020-03-26］http://whc.unesco.org/documents/publi_infokit_en.pdf

范，以确保文化遗产能真实完整地保存下来。❶ 而《奈良原真性文件》则对"原真性"作出了详细的解释。《奈良原真性文件》指出，"依靠文化遗产的性质和文化背景，原真性判断可以和许多不同类型的信息来源的价值相联系。这些信息来源包括这些方面：形式与设计、材料与质地、利用与功能、传统与技术、位置与环境、精神与感受，以及其他内部因素和外部因素。这些信息来源的利用允许详细说明正在进行检验的遗产在艺术、历史、社会和科学方面的特殊尺度"。而《实施世界遗产公约操作指南》（以下简称《操作指南》）则指出，"列入《世界遗产名录》的文化与自然遗产至少应具有《世界遗产公约》所说的突出的普遍价值中的一项标准及原真性标准"；每项被确认的项目都应"满足对其设计、材料、工艺或背景环境及个性和构成要素等方面的原真性的检验"。"完整性"在《操作指南》中是这样界定的："应包括其自然关系中所有或大部分重要的相关独立元素；应拥有足够的规模，并包含必要的成分，以展示其所具备的、对于长期保存生态系统和生物多样性而言十分重要的过程；应具有突出的美学价值，并包括对维持景点美景至关重要的区域；应包括代表该生物地区最大限度的多样性特点的动植物的栖息地及其生态系统。"《操作指南》还特别对完整性提出了管理计划、法律、规则和制度保护等方面的要求。从总体上看，上述完整性条件主要用于评价地质区域、原始森林或野生生物区等自然遗产。

（四）可利用性

自然遗产虽然是独一无二的、不可再生的，但它却是可以

---

❶ 吴家权，谢涤湘. 文化遗产保护真实性的思考[J]. 自然与文化遗产研究，2019（9）：3.

利用和开发的。人们可以从自然遗产中获得所需要的生产和生活资料；可以从自然遗产中得到水资源、矿产资源、动植物资源等满足经济发展的需要；同时，人们也可以在自然遗产中进行休闲娱乐、旅游等活动；人们还可以对自然遗产进行科研考察、探险研究，从中发现大自然演变的生态规律。自然遗产不仅仅是大自然赋予人类具有审美价值的自然景观，更是大自然赋予人类的珍贵宝藏。自然遗产的开发和利用会给人类带来巨大的经济价值、科研价值和人文价值。自然遗产的可利用性决定了我们对自然遗产保护并不是绝对的保护，而是保护与开发利用之间的相互协调。因此，我们一定要处理好自然遗产保护与开发的关系。

二、自然遗产的价值

（一）生态价值

自然遗产不是孤立存在的，而是与生物群落与无机环境共同构成的一个整体。各个部分之间相互联系，构成了生态系统的多样性。自然遗产的生态价值表现在多个方面：首先，自然遗产对生态环境有稳定调节的作用，如湿地生态系统具有蓄洪防旱的功能，森林生态系统具有防风固沙、防止水土流失的功能，海洋生态系统具有调节气候的功能；其次，自然遗产具有保护生物多样性的功能，在自然遗产保护区中往往蕴含着丰富的动植物资源，其中有许多属于珍稀物种，生物的多样性具有极其重要的遗传价值，而自然遗产则是名副其实的自然物种基因储藏库；最后，自然遗产对维护生态安全起着重要作用。近年来，由于人们对大自然的盲目开发和利用，导致温室效应、臭氧层破坏、洪涝、酸雨及其他突发性环境污染事件屡见不鲜。自然遗产对气候的调节有着重要的作用，保护自然遗产不但有利于生态系统的稳定，维持生物物种的多样性，也有利于维护生态安全。

（二）经济价值

自然遗产除了蕴含丰富的生态价值外，还具有可观的经济价值。自然遗产的经济价值体现在其对生活、工业和旅游业的贡献。首先，自然遗产可以为人类提供丰富的生活资料和资源。人们衣、食、住、行的许多原材料都来源于自然遗产。特别是那些生活在自然遗产附近的人们，祖祖辈辈过着靠山吃山、靠海吃海的生活，自然遗产是他们生存的依托。其次，自然遗产可以为工业发展带来原材料和能源。工业发展需要大量的水资源、林木资源、矿产资源，同时工业发展还需要水能、电能等，而自然遗产不但蕴藏着丰富的动植物物种，同时含有巨大的水能、风能。近年来，人们在自然遗产所在地建立木材采伐工厂、矿物质开发工厂，或建立水电站，从自然遗产中得到了大量的工业原料和能源。最后，以自然遗产为依托的旅游业，为人们带来了丰富的收益。自然遗产独特的审美价值，使人们向往到自然遗产中去探索和欣赏大自然的神奇魅力。于是，以自然遗产为依托的旅游业蓬勃发展起来。

（三）审美价值

列入《世界遗产名录》的自然遗产，既有姿态万千的高山大川，也有五彩缤纷的各类生物；既有美不胜收的万千景象，也有令人叹为观止的自然奇观。就列入《世界遗产名录》的自然遗产来看，有的是因为山美，如中国的黄山；有的是因为水美，如澳大利亚威兰德拉湖区 ❶；有的是因为森林美，如越南红树林保护区；有的是因为公园美，如美国黄石国家公园；有的是因为悬崖美，如马里邦贾加拉悬崖；还有的则是因为高原美，如阿尔及利亚阿杰尔高原。无论这些自然遗产表现为何种形态，它们都有一个共同的特征，即具有审美价值。同时，由于历史的积淀，人类活动的影响，许多自然遗产还与文化遗产相结合，除了传达自然美的同时，还蕴含着丰富的历史元素，具有珍贵的人文价值。自然遗产的审美价值，使自然遗产成了珍贵的旅游资源，人们在休闲娱乐的同时，可以领略大自然鬼斧神工的造物能力，可以更直接地了解自然遗产，从而增加环保意识，提高保护自然遗产的积极性和主动性。只有从自然的审美价值和精神价值出发，遗产管理与发展才能在真正意义上保护和呈现风景价值。❷

（四）科研价值

自然遗产除了具有生态价值、经济价值、审美价值外，还具有重要的科研价值。许多地质遗迹是人类研究地球演变规律的重要依据；许多古生物化石是研究动物进化过程的可靠参考；许多自然遗产还是研究人类历史发展的宝贵资料。例如，我国重庆武隆喀斯特自然遗产生动地记录和表现了我国长江三峡地区自新近纪以来地壳大面积抬升和相应的河谷深切的条件下形成的地质特征，是研究地球演化的重要依据。❸又如，加拿大阿尔伯塔省的

---

❶ 阳黔花. 试论自然美的范围[J]. 黔西南民族师范高等专科学校学报，2007（3）：8.

❷ 毕雪婷，韩锋. 世界自然遗产美学价值的识别与评估概述[J]. 风景园林，2018（10）：116.

❸ 陈伟海，等. 重庆武隆喀斯特景观特征及世界自然遗产价值评价[J]. 中国岩溶，2006（8）：110.

"野牛跳"自然遗产，对于研究几百年前生活在这里的土著人的生活规律有着重要的科研价值。再如，武陵源的溶蚀地貌，主要形态有溶纹、溶痕、溶窝等，被称为"洞穴学研究的宝库"，在洞穴学上具有特殊的研究价值。可以说，自然遗产在生物学、地质学、地理学、人类学、社会学、环境资源学等科学领域都具有极高的科研价值。同时，自然遗产还具有重要的科普价值，通过对自然遗产的宣传和介绍，通过人们对自然遗产的游览，可以使人们更多地了解大自然，学习到更多的环境知识，增加人们的环保理念。特别是一些自然遗产还建立了专门的博物馆，通过向游人讲解相关的知识，可以使人们在审美的同时，受到环保理念的熏陶。

第四节　相关概念的区分

一、自然遗产与自然资源

《辞海》对自然资源的定义为："指天然存在的自然物（不包括人类加工制造的原材料），如土地资源、矿产资源、水利资源、生物资源、气候资源等，是生产的原料来源和布局场所。"联合国环境规划署的定义为："在一定的时间和技术条件下，能够产生经济价值、提高人类当前和未来福利的自然环境因素的总称。"通过以上两个概念的界定，我们可以发现自然遗产最明显的特征是天然性，即自然资源是天然形成的、没有任何人工参与的纯粹自然物。

自然遗产与自然资源的关系表现为以下两个方面：第一，自然遗产属于自然资源，自然遗产的本质是自然资源❶，但并非所有的自然资源都可以成为自然遗产。自然遗产表现为大自然形成的自然风景，以及珍稀的动植物资源，如地质遗迹、湿地、湖泊、森林等，这些都属于自然资源。但是，根据《世界遗产公约》的规定，只有那些具有突出的普遍价值生物结构或这类结构群组成的自然面貌，或地质和自然地理结构，或受威胁的动物和植物生存区，或天然名胜，才可以成为自然遗产。可见，能成为自然遗产的自然资源必须是那些具有普遍的突出价值的资源，自然资源与自然遗产是种属关系。第二，随着时代的发展，自然遗产的内涵和外延正在发生变化，特别是文化景观的出现，使自然遗产与文化遗产的界限变得模糊，自然遗产不再是纯粹的天然形成的自然物，而是自然与人工共同形成的产物。❷ 这与自然资源是截然不同的，自然资源完全排斥人力的作用。

二、自然遗产与文化遗产

自然遗产与文化遗产自诞生以来，就存在着密不可分的关系。文化遗产是物质文化遗产与非物质文化遗产的总称，是人类创造的历史、艺术和科学价值的文物，以及某一族群世代相传的、反映其特殊生活方式的知识、实践等传统文化表现形式。❸ 广义的文化遗产包括物质文化遗产和非物质文遗产。物质文化遗

---

❶ 周少舟，等. 我国自然遗产保护理念与管理体制的构想[J]. 林业经济，2015（7）：4.

❷ DÉJEANT-PONS M. The European Landscape Convention[J]. European Spatial Planning and Landscape，2006，77（4）：7-19.

❸ 王云霞. 文化遗产的概念与分类探析[J]. 理论月刊，2010（11）：6.

产主要是具有历史、艺术和科学价值的文物，包括可移动文物和不可移动文物。不可移动文物是指古文化遗址、古建筑、石窟寺、石刻、壁画、近现代重要史迹和代表性建筑。可移动文物是指历史上各时代重要实物、艺术品、文献、手稿、图书资料、代表性实物等。非物质文化遗产，是指各民族人民世代相承的、与群众生活密切相关的各种传统文化表现形式和文化空间。非物质文化遗产的范围包括：在民间长期口耳相传的诗歌、神话、史诗、故事、传说、谣谚；传统的音乐、舞蹈、戏剧、曲艺、杂技、木偶、皮影等民间表演艺术；广大民众世代传承的人生礼仪、岁时活动、节日庆典、民间体育和竞技，以及有关生产、生活的其他习俗等。从历史发展的脉络分析，文化遗产的外延一直不断扩展，其范围由单体文化遗产扩展至整体文化遗产和有形及无形物质文化遗产。❶

自然遗产与文化遗产的区别表现为以下三个方面：第一，创造的主体不同。自然遗产的创造主体是大自然，它是天然形成的自然资源，没有人工外力的作用。而文化遗产，无论是物质的还是非物质的，却是在人类生产和生活过程中创造并历代相传的，是人类智慧的结晶。第二，表现形式不同。自然遗产多表现为物质形态，无论是山水园林还是花虫鸟兽，自然遗产都是看得见、摸得着的实实在在的物质。而文化遗产则表现为物质和非物质两种形态，尤其是非物质文化遗产，表现为诗歌、舞蹈、传说、习俗等。第三，保护方式不同。自然遗产表现为自然资源，它的保护更多地依赖生态的方法。物质文化遗产则表现为建筑和艺术品等，它们的保护更多依靠物理和化学的方

---

❶ 岳小花. 中国自然与人文遗迹保护立法的现状、反思与完善路径[J]. 河北法学，2020（1）：168.

法，而非物质文化遗产的保护则依赖诗歌、习俗、传说传承者的传承。

三、自然遗产与文物

《现代汉语词典》中对文物的定义为："历史遗留下来的在文化发展史上有价值的东西，如建筑、碑刻、工具、武器、生活器皿和各种艺术品。"《辞海》中对文物的解释是："遗存在社会上或埋藏在地下的历史文化遗物，一般包括①与重大历史事件、革命运动和重要人物有关的、具有纪念意义和历史价值的建筑物、遗址、纪念物等；②具有历史、艺术、科学价值的古文化遗址、古墓群、古建筑、石窟寺、石刻等；③各时代有价值的艺术品、工艺美术品；④革命文献资料及具有历史、艺术和科学价值的古旧图书资料；⑤反映各时代社会制度、社会生产、社会生活的代表性实物。2015 年修正的《中华人民共和国文物保护法》（以下简称《文物保护法》）第 2 条对保护文物的范围作了明确规定："在中华人民共和国境内，下列具有历史、艺术、科学价值的文物，受国家保护：（一）具有历史、艺术、科学价值的古文化遗址、古墓葬、古建筑、石窟寺和石刻；（二）与重大历史事件、革命运动和著名人物有关的，具有重要纪念意义、教育意义和史料价值的建筑物、遗址、纪念物；（三）历史上各时代珍贵的艺术品、工艺美术品；（四）重要的革命文献资料及具有历史、艺术、科学价值的手稿、古旧图书资料等；（五）反映历史上各时代、各民族社会制度、社会生产、社会生活的代表性实物。《文物保护法》第 2 条同时还规定："具有科学价值的古脊椎动物化石和古人类化石同文物一样受到国家的保护。"

由此，我们可以明确文物一般具有历史、艺术、科学三个方面的价值，表现为物质形态，是人类社会活动中遗留下来的物质文化和精神文化的遗存，是重要的文化遗产。由于文物均表现为物质形态，因此文物属于物质形态的文化遗产。值得注意的是，我国《文物保护法》规定将古脊椎动物化石和古人类化石按照文化保护的方式加以保护。而根据自然遗产的界定，古脊椎动物化石和古人类化石属于自然遗产，是经大自然的演变而天然形成的自然资源。可见，在我国文物的界定中，既包含了文化遗产，也包含了极小部分的自然遗产。

小　结

自《世界遗产公约》提出"自然遗产"的概念以来，正式在世界范围内拉开了自然遗产国际法律保护的序幕，为世界自然遗产的保护做出了突出的贡献。世界自然遗产是符合特定标准且经联合国教科文组织确定的，是具有特定价值的自然景观、地质地文结构、自然区域和受威胁的动植物生活区，其特点在于价值性和需保护性。❶由于《世界遗产公约》及其《操作指南》颁布较早，其对于自然遗产的界定在内涵和外延上都已经无法满足现实的需要，因此，我们应当对其做出扩大化的解释。

大自然的神奇在于其孕育了姿态万千、各具特色的自然遗产，这些自然遗产或表现为湿地，或表现为地质遗迹。不同类型

---

❶ 陈润根. 我国民族地区世界自然遗产法律保护的不足及完善——以贵州荔波为例[J].贵州民族研究，2018（8）：19.

的自然遗产具有不同的特性，也有着不同的生长规律。因此，我们在采取保护方法、制定保护策略时应当区别对待，根据不同类型自然遗产的不同特点，采取有针对性的保护措施。

自然遗产作为全世界的共同遗产是属于全人类的，因此每一个国家和个人都有义务和责任来保护我们的自然遗产。而自然遗产的不可再生性，决定了我们在利用自然遗产的过程中，应当以保护为先。同时，自然遗产是可以利用的，它具有丰富的科学价值、审美价值、生态价值和科研价值。自然遗产是大自然赋予人类的宝贵财富，我们应当合理开发、善加利用。

第二章

自然遗产保护的国际立法及缺陷

第一节 自然遗产保护的国际法律文件

近 30 年来，随着自然遗产保护在世界范围内引起越来越多的关注，国际社会开始意识到运用法律的手段来保护和管理自然遗产是行之有效的方式。在自然遗产保护方面，早在 1962 年 11 月 9 日联合国教科文组织在巴黎召开的联合国教科文组织第 12 届大会上就率先通过了《关于保护景观和遗址的风貌与特性的建议》（以下简称《建议》），指出"考虑到人类在各个时期不时使构成其自然环境的组成部分的景观和遗址的风貌与特征遭到损坏，从而使得全世界各个地区的文化、艺术甚至极重要的遗产濒于枯竭"，"考虑到因原始土地的开发，城市中心盲目的发展及工商业与装备的巨大工程和庞大规划的实施使现代文明加速了这种趋势；因此，考虑到只要尚有可能这样做，为保护各地的景观和遗址的风貌与特征，亟须紧急考虑和采取必要的措施"❶。《建议》明确指出了自然遗产的宝贵价值及对人类的重要意义，同时还指

---

❶ 关于保护景观和遗址的风貌与特性的建议[EB/OL].（1962-12-11）[2020-03-23]. https://baike.baidu.com/item/关于保护景观和遗址的风貌与特性的建议/164416?fr=aladdin.

出人类在改造自然、利用自然和发展经济的过程会使自然遗产面临各种各样的威胁。以国际公约的形式保护自然遗产自此拉开了序幕。此后，一些保护自然遗产的国际条约相继产生。除了国际公约以外，一些国际组织还通过发表国际宣言、建议和计划的方式，号召和倡导人们行动起来，珍视和保护身边的自然遗产。这些国际宣言、建议和计划等软法性文件，虽然不如国际条约具有约束力，但同样发挥着重要作用。

一、国际公约

（一）《世界遗产公约》

目前，在国际范围内，保护自然遗产与文化遗产的国际法律文件已经有许多种。但在这些文件当中，影响力最大、加入国家最多的当属联合国教科文组织于 1972 年 11 月 16 日在巴黎召开的联合国教科文组织第 17 届大会上通过的《世界遗产公约》。至此，在国际社会中有了专门针对自然和文化遗产保护问题的具有"宪章"意义的国际法律文件。《世界遗产公约》是世界上第一部专门针对自然遗产和文化遗产保护而制订的公约，它的诞生在自然遗产保护史上具有里程碑意义。《世界遗产公约》出台之后，不仅文化遗产和自然遗产得到通盘考虑，而且一起接受了国际眼光和"突出的普遍价值"的共同检验。[1]

《世界遗产公约》共分 8 章 38 条，序言阐述了保护文化遗产和自然遗产的必要性和保护宗旨。主要内容包括以下 7 个方面。

---

[1] 户晓辉.《世界遗产公约》的修订及其中国意义[J]. 中原文化研究，2016（6）：74.

第一，明确了该公约所保护的自然遗产和标准。自然遗产包括三个方面：从审美或科学角度看具有突出的普遍价值的由物质和生物结构或这类结构群组成的自然景观；从科学或保护角度看具有突出的普遍价值的地质和自然地理结构及明确的划为受到威胁的动物和植物生境区；从科学、保存或自然美角度看具有突出的普遍价值的天然名胜划分的自然区域。

第二，规定自然遗产国家保护和国际保护的相关内容。首先，规定了国家保护的责任、目的。各缔约国保护本国领土内的文化遗产和自然遗产是其责任，各国要保证本国领土内的文化遗产和自然遗产的确定、保护、保存、展出和传与后代。其次，规定了国际保护的形式和宗旨。为了达到以上目的，各国应竭尽全力，最大限度地利用本国资源，并于适当时利用所能获得的国际援助和合作，特别是财政、艺术、科学及技术方面的援助和合作。对世界文化遗产和自然遗产的国际保护旨在建立一个支持缔约国保存和确定这类遗产的努力的国际合作和援助系统。

第三，成立一个保护具有突出的普遍价值的自然遗产的政府间委员会，称为"世界遗产委员会"，由联合国教科文组织大会常会期间召集的本公约缔约国大会选出的 15 个缔约国组成。世界遗产委员会负责制订、更新和出版《世界遗产名录》，决定保护世界文化遗产和自然遗产基金的使用，在必要时制订、更新和出版《处于危险的世界遗产目录》，以及开展其他活动。各缔约国应尽力向该委员会递交文化遗产和自然遗产清单。

第四，设立保护世界自然遗产基金，称为"世界遗产基金"。基金的资金来源包括：《世界遗产公约》缔约国义务捐款和自愿捐款；其他国家、联合国教科文组织、联合国系统的其他组织

（特别是联合国开发计划署）或其他政府间组织提供的捐款；公共或私立团体或个人。基金款项所得利息；募捐的资金和为本基金组织的活动的所得收入；世界遗产委员会拟定的基金条例所认可的所得其他资金。另外，对基金的捐款和向委员会提供的其他形式的援助只能用于委员会限定的目的，捐款不得带有政治条件。

第五，规定国际援助的条件和安排。根据《世界影公约》的规定，提供的国际援助仅限于世界遗产委员会已决定或可能决定列入《世界遗产名录》或《处于危险的世界遗产目录》的文化遗产和自然遗产的财产。该委员会所采用的援助形式可以是：研究在保护、保存、展出和恢复《世界遗产名录》和《处于危险的世界遗产目录》所确定的文化遗产和自然遗产方面所产生的艺术、科学和技术问题；提供专家、技术人员和熟练工人，以保证正确地进行已批准的工程；在各级培训文化遗产和自然遗产的鉴定、保护、保存、展出和恢复方面的工作人员和专家；提供有关国家不具备或无法获得的设备；提供可长期偿还的低息或无息贷款；在例外并具有特殊原因的情况下提供无偿补助金。援助的计划或项目，由世界遗产委员会决定并由该委员会与受援国签订协定。各缔约国均有要求援助的权利。

第六，规定教育计划。《世界遗产公约》规定各缔约国应通过一切适当手段，特别是教育和宣传计划，努力增强本国人民对文化遗迹和自然遗产的赞赏和尊重，使缔约国广大公众广泛了解对这类遗产造成威胁的危险和为履行《世界遗产公约》进行的活动。

第七，报告和最后条款。规定《世界遗产公约》缔约国向联合国教科文组织递交报告，提供有关它们为实施公约所通过的立法和行政规定及采取的其他行动的情况，并详细叙述在这方面获得的经验。最后条款主要规定了加入或退出《世界遗产公约》的有关事项。另外，还规定了适用于实行联邦制或非单一立宪制的公约缔约国的一些规定等。

《世界遗产公约》规定了成员国的权利和义务。到目前为止，《世界遗产公约》是全球范围内影响范围最大、约束力最强的保护自然遗产的国际公约。《世界遗产公约》第一次以国际立法的形式将保护自然遗产与文化遗产作为一项权利和义务确定下来，提高了各国保护自然遗产和文化遗产的主动性和自觉性。《世界遗产公约》是世界范围内保护自然遗产与文化遗产的宪章性和纲领性文件，在它的影响下，许多国家和地区制订了自己的自然遗产与文化遗产保护立法，一些配套的国际条约也相应而生。可以说，《世界遗产公约》在世界自然遗产与文化遗产保护方面具有划时代意义。

（二）其他公约

除了《世界遗产公约》外，还有一些关于自然遗产保护的国际条约，都是针对某一特殊地区或情况下自然遗产保护的规定。例如，1954 年在海牙通过的《冲突情况下保护文化财产公约》是对武装冲突中的文物及自然遗产的保护；第二届历史古迹建筑师及技师国际会议于 1964 年 5 月在威尼斯通过的《国际古迹保护与修复宪章》是针对古迹的保护和修复；1990 年 10 月于洛桑通过的《考古遗产保护与管理宪章》、1973 年 3 月 3 日于华盛顿签订的《濒危野生动植物种国际贸易公约》、1979 年 6 月 23 日于德国波恩签订的《保护野生动物迁徙公约》、1992 年 6 月 1 日由联合国环境规划署发起的政府间谈判委员会第七次会议在内罗毕通过的《生物多样性公约》、1971 年 2 月 2 日于拉姆萨签订的《关于特别是作为水禽栖息地的国际重要湿地公约》、1979 年 9 月 19日签订的《欧洲野生生物和自然生境保护公约》、1986 年 11 月25 日签订的《南太平洋地区自然资源和环境保护公约》、1995 年12 月 4 日签订的《1982 年 11 月 10 日的联合国海洋法公约中关于飞鱼和迁徙鱼类的保护和管理规定的实施协定》等，都在不同方面对自然遗产的保护进行了规定。

二、软法性文件

作为国际法的两个渊源，国际条约和国际习惯都具有法律约束力，因而被称为硬法。然而在环境保护、公共卫生、人权等国际法的某些领域，国际组织决议之类的规范性文件越来越多，它们既没有严格法律意义上的拘束力，也不是完全没有任何法律意义，故被称之为"软法"。❶ 随着国际软法在全球治理中的广泛应用及其显著效果，在某种程度上而言，全球治理主要就是"软法之治"。❷ 软法多表现为国际组织决议、国际宣言、国际建议、国际计划、政府高官峰会宣言等。

（一）国际宣言

除了制订国际条约外，一些国际组织还通过召开以保护自然遗产和文化遗产为主题的国际会议的形式，通过发表宣言来表达保护自然遗产的主张，提倡世界各国行动起来，参与到保护自然遗产的活动中。1994 年 12 月，联合国教科文组织、世界文化及

❶ 龚向前. 试析国际法上的"软法"——以世界卫生组织"软法"为例[J]. 社会科学家，2006（3）：98.

❷ 陈海明. 国际软法论纲[J]. 学习与探索，2018（11）：87.

自然遗址保护大会世界遗址委员会在日本召开了关于世界遗产真实性的与《世界遗产公约》相关的奈良真实性会议。来自 28 个国家的 45 名与会人员讨论了关于真实性的定义和评价的复杂问题。专家讨论的结果被编入《奈良宣言》，号召人们重视自然遗产与文化遗产多样性的保护，在日益全球化的世界里，遗址保护的真实性原则能为保留和整理人类共同的记忆做出奠基性的贡献。

1972 年 6 月 16 日，联合国人类环境会议全体会议于斯德哥尔摩通过了《人类环境宣言》，它是人类历史上第一个保护环境的全球性宣言。宣言阐明了与会国和国际组织所取得的 7 点共同看法和 26 项原则，以鼓舞和指导世界各国人民保护和改善人类环境。它对激励和引导全世界人民奋起保护环境起到了积极的作用，具有重大历史意义。

此外，类似宣言还包括 1962 年的《关于天然资源之永久主权宣言》、1982 年的《内罗毕宣言》、1992 年的《里约环境与发展宣言》和 2002 年的《约翰内斯堡可持续发展宣言》等。

（二）国际计划

1998 年 3 月 30 日至 4 月 2 日，联合国教科文组织在瑞典斯德哥尔摩召开了政府间文化政策促进发展会议。149 个国家的政府，22 个国际政府间组织，100 多个非政府组织、基金会、自愿组织和其他民间协会单位派出代表与许多艺术家、专家一起参加了会议。❶ 会议通过了《文化政策促进发展行动计划》，列出了国家在保护自然遗产与文化遗产时的目标，如加强自然遗产保护方面的政策和实际行动，促进文化产业的发展；保护遗产的多样

---

❶ 政府间文化政策促进发展会议 [EB/OL].（2010-06-25）[2020-03-22]. https://wenku.baidu.com/view/0f29bfeb6294dd88d0d26bff.html.

性，并以此促进遗产保护的可持续发展；为遗产保护提供更多的人力和财力资源等。

此外，还包括 1992 年的《21 世纪议程》、1995 年的《生物圈保护区塞维利亚纲要》、1995 年的《世界生物保护区网络章程框架》、"联合国教科文组织领导的人与生物圈计划"、2003 年的《德班行动计划》等。

（三）国际建议

联合国教科文组织于 1972 年发表了《关于在国家一级保护文化和自然遗产的建议》，指出"考虑到在一个生活条件加速变化的社会里，就人类平衡和发展而言至关重要的是为人类保存一个合适的生活环境，以便人类在此环境中与自然及其前辈留下的文明痕迹保持联系。为此，应该使文化和自然遗产在社会生活中发挥积极的作用，并把当代成就、昔日价值和自然之美纳入一个整体政策"；"考虑到每一项文化和自然遗产都是独一无二的，任何一项文化和自然遗产的消失都构成绝对的损失，并造成该遗产的不可逆转的枯竭"❶，呼吁各国应根据其司法和立法需要，尽可能制定、发展并应用一项其主要目的在于协调和利用一切可能得到的科学、技术、文化和其他资源的政策，以确保有效地保护、保存和展示文化和自然遗产。

此外，《关于保护历史建筑群及其现实意义的建议》《关于文化遗产国际交流的建议》《关于历史地区的保护及其当代作用的建议》等都对自然遗产的保护提出了相关的建议和主张。

与保护自然遗产的国际条约相比，虽然这些软法性文件不具

---

❶ 关于在国家一级保护文化和自然遗产的建议[EB/OL].（2005-01-10）[2020-03-23]. http://www. thegreatwall. cn/guoji/2005/0110/1469. html

有法律拘束力，但它们同样发挥着重要作用。首先，这些软法性文件可以使不同国家共同关注某一个可能对自然遗产保护产生重要影响的新问题。例如，联合国的《人类环境宣言》，第一次将环境保护提高到全球高度。其次，这些保护自然遗产的软法容易使更多国家达成共识。软法具有灵活性，在软法的制订过程中，国家采取的是合作的态度，从而达到双赢的效果。这在客观上扩大了软法的适用范围，有利于充分发挥软法的作用。最后，软法可以将那些没有成文形式且不易于查明的法律原则固定下来。例如，在软法当中提到的保护自然遗产与文化遗产多样性的原则，被后来的《生物多样性公约》所确定。

国际立法进程，通常是从无拘束力的文件，如建议、指南、决议、原则声明与行为准则到条约之类的有拘束力的文件的连续体。❶ 自然遗产保护的立法活动也是一项流动性的过程，这些草拟和发布的软法性文件，极有可能在将来成为一项多边性的国际条约。可以说，这些软法对现存的保护自然遗产的硬法形成了有益补充，两者相辅相成，共同发挥着作用。

第二节　自然遗产保护的区域立法

除了国际社会的相关条约外，各区域组织也越来越多地开始关注自然遗产的保护，并结合区域内的特点制订了相关的条约来保护和开发自然遗产。

---

❶ 龚向前. 试析国际法上的"软法"——以世界卫生组织"软法"为例[J]. 社会科学家，2006（3）：100.

一、欧洲保护自然遗产的立法

（一）《保护考古遗产欧洲公约》

1969 年，希腊、比利时、法国等 17 个国家在伦敦通过了《保护考古遗产欧洲公约》（*European Convention on the Protection of the Archeological Heritage*）。其宗旨是将严格的科学方法应用于考古研究和发现，防止非法发掘，通过教育给予考古发掘以完整的科学意义。❶

公约的主要内容包括：划定并保护具有考古意义的遗址和地域；建立保留区域以保存由后代考古学家发掘的实物证据；禁止并制止非法发掘，采取必要措施，以确保通过特别许可将发掘权委托给合格人员进行；每一缔约国承允，为研究并散发关于考古掘获物的情报资料的目的，采取为保证科学出版物中关于发掘和发现的情报资料最迅速与最完整传播所必需的一切可行措施；鼓励科学机构、博物馆同国家主管部门间进行关于考古物、经许可的和非法的发掘之情报资料交流，努力通过教育手段，在公众舆论中建立并推进对考古发掘物于了解文明历史方面的价值及由未加控制的发掘对该遗产所造成威胁的认识。

此外，该公约还提出各缔约国之间在保护考古遗产方面应建立积极合作的原则，以最适当的方式进行合作以确保考古物的国际流通，任何其他缔约国提出的关于鉴别和鉴定的任何问题，其他国家应当在其国家立法许可的范围内给予积极合作。同时，该

---

❶ 全国人大环境保护委员会办公室. 国际环境与资源保护条约汇编[M]. 北京：中国环境科学出版社，1993：343.

公约还提出了公约适用时所应注意的问题，如公约所规定的措施不能限制对考古的合法贸易或所有权、不能影响适用于这些物品转让的法律规则。❶

（二）《欧洲野生生物和自然界保护公约》

1979 年 9 月 19 日，在欧洲理事会的主持下，在伯尔尼通过了《欧洲野生生物和自然界保护公约》（又称《伯尔尼公约》）。与之前的公约相比，《伯尔尼公约》最大的突破在于对自然遗产内涵和外延的扩展，这一变化在公约的前言中得到了充分的体现。公约认为那些必须传给后代的、具有固有价值的、在维持生态平衡方面发挥着基本作用的野生动植物也可以构成自然遗产。这极大地扩大了保护自然遗产的范围，同时也对生物多样性的保护具有革新意义。与其他区域性公约相比，《伯尔尼公约》的另一进步之处表现在，其设立了一个负责监督公约实施的机构，有效地保证了公约的实施，而且对缔约国规定了真正的义务。❷

（三）《欧洲景观公约》

2000 年，欧盟在自然遗产与文化遗产保护的立法上取得了新的进展，颁布了《欧洲景观公约》（*EU Landscape Convention*），该公约旨在保护、管理和发展欧洲景观，包括历史纪念物，也包括自然景观。❸

---

❶ 戚道孟. 国际环境法 [M]. 北京：中国方正出版社，2004：225.
❷ 陈小华，等. 云南省野生动植物资源保护立法现状研究 [J]. 中国学术研究，2009（5）：13.
❸ Council of Europe, European Landscape Convention, European Treaty Series [Z]. 2000-10-20.

《欧洲景观公约》与前几个公约相比有两个突破：第一，公约首次提出了"景观"这一概念，"景观是一片被人们所感知的区域，该区域的特征是人与自然的活动或互动的结果"。对景观的理解发展为"是一种自然力量和人类行为共同作用的结果"，而且强调"景观形成一个整体，该整体是自然与文化结合在一起的成果，是不可分离的"❶。公约进一步指出，景观不仅仅是空间上限定的范围，同时也是一个经过历史发展而日积月累形成的文化与风俗概念。作为自然景观的认同感和特点与社区的文化特点是交织在一起的，文化社区塑造自然景观的同时也被自然景观所塑造。"文化景观"这一概念的提出，重塑了人们对于自然遗产与文化遗产的认识。第二，公约旨在利用综合性的方法，即利用人类学、社会科学与自然科学的跨学科指导思想来保护自然遗产与文化遗产。可以说，《欧洲景观公约》为我们提供了一个保护自然与文化遗产的方法和新起点。

《欧洲景观公约》尽量避免与其他国际公约和国家的法律发生冲突，这一想法在公约的解释性文件及其他支持性文件中可以发现。特别在与《世界遗产公约》的关系上，《欧洲景观公约》强调该公约不能推翻其他现有或将来的国际或国家法律。❷《欧洲景观公约》鼓励政府、非政府组织和其他机构之间的思想和经验交流。根据最近的欧洲理事会的会议报告记录，《欧洲景观公约》已经在许多成员国的国家、区域和地方层面帮助和促进了自然遗

---

❶ DÉJEANT-PONS M. The European Landscape Convention[J]. European Spatial Planning and Landscape, 2006, 77（4）：7-19.

❷ 同❶363-384.

产保护立法的制订和执行。❶

二、美洲保护自然遗产的立法

（一）《保护美洲国家考古历史和艺术遗产公约》

考虑到美洲各国，特别是拉丁美洲各国所遭受的本国自然遗产被不断破坏，且此类破坏损害了各国的民族特性及具有考古、历史和艺术价值的自然财富，哥斯达黎加、巴拿马等中美洲国家于 1976 年 6 月 16 日在圣地亚哥签订了《保护美洲国家考古历史和艺术遗产公约》。该公约的宗旨是促进国家和国际的合作，保护有着考古、艺术和历史价值的自然遗产与文化遗产，并将这些遗产传送给子孙后代。

该公约规定：①加强遗产鉴定、登记、保护和保管，以防止其非法输出输入，并增进对遗产的了解和鉴赏；②确定公约所指的遗产包括纪念碑、纪念物品、遗址、人类遗留物、哥伦比亚时代以前的动植物群落；殖民时代和 19 世纪留下来的纪念碑、建筑物、艺术品、用品或具有民族代表性的物品、图书馆、档案室和原稿；1850 年以前出版的书刊和文件及任何其他 1850 年以后由缔约国宣布属于本公约范围的物件的保护；③缔约国采取国内措施来进行这一类遗产的收藏登记，并对这类遗产的买卖进行登记，禁止在没有适当授权的情况下从其他国家输入这类遗产；④缔约国应防止遗产的非法输出和输入，并应将这类非法转移的遗产交还其原属国家；⑤缔约国在文化财产的流通、交换和展览方面进行合作，并应交换这类财产的资料和在考古学的发掘和发

---

❶ The European Landscape Convention Text[EB/OL]. （2004–01–03）[2020–03–24]. http://conventions. coe. int/treaty/en/Treaties/Html/176. htm.

现方面进行合作。❶

（二）《美洲国家动植物和自然美景保护公约》

1940 年，美洲各国在华盛顿通过了《美洲国家动植物和自然美景保护公约》。该公约对自然遗产和文化遗产的保护体现在以下两个方面：一是设立自然风景名胜——具有美学、历史或科学价值的区域、物体或物种，应受到绝对保护；二是要求缔约国采取必要的管理措施以确保对动植物、风景、罕见的地理形成及具有美学、历史或科学价值的区域和自然物的保护与养护。该公约对于不同类别的保护区设立了有针对性的制度是其特别之处。

三、亚洲保护自然遗产的立法

（一）《东南亚自然界和自然资源保护公约》

《东南亚自然界和自然资源保护公约》（又称《吉隆坡公约》）是东南亚国家于 1985 年在吉隆坡签订的旨在保护自然遗产和自然资源的重要公约。该公约是根据人类环境保护知识的最新发展而制定的，其内容更加完善，对可能产生的环境和自然遗产问题的各个领域都做出了规定。公约第 2 章规定了物种和生态系统的养护问题，第 3 章是生态进程的保护，第 4 章是生态规划措施，这些内容至今仍是关于自然遗产保护较为全面的规定。公约在第 2 章第 3 条至第 9 条，依次规定了生物资源遗传多样性及持久利用被开发的物种、濒危物种、植被和森林资源等保护的具体实施

---

❶ 全国人大环境保护委员会办公室. 国际环境与资源保护条约汇编[M]. 北京：中国环境科学出版社，1993：349.

细则。《吉隆坡公约》也承认自然资源对于当代和后代的重要性，并因此指出东南亚六国负有保护自然遗产和自然资源的义务。公约强调对文化遗产与自然遗产的保全、保存、恢复，其目的是为了后代人与当代人一样同等地享有了解和接近它们的权利。

（二）《苏州宣言》

2004年6月28日至7月7日，在中国苏州举行了联合国教科文组织第28届世界遗产委员会会议。本次大会通过了"苏州决定"等200多项决定，并发表了《世界遗产青少年教育苏州宣言》。"苏州决定"对2000年"凯恩斯决定"做出了重要修改：从2006年起，《世界遗产公约》每个缔约国每年申报的世界遗产项目从1项改为最多2项，其中至少包括一项自然遗产提名。

该宣言呼吁与会各国将青少年作为世界遗产保护教育的重点，积极向青少年提供有关服务和指导。该宣言指出，国际社会和各国政府应加强有关青少年教育的国际合作，帮助欠发达地区建立切实可行的教育机制并提供有效的资金支持。在条件允许的情况下，各国政府还应积极建立跨地区的教育和研究中心，促进遗产保护教育的交流与合作。❶

四、特殊区域保护自然遗产的立法

（一）《南太平洋自然保护公约》

1976年6月，《南太平洋自然保护公约》在阿皮亚通过，

---

❶ 第28届世遗大会闭幕通过"苏州决定"和"苏州宣言"[EB/OL].（2004–07–08）[2010–01–06]. http://www.people.com.cn/GB/wenhua/22219/2623714.html.

1990 年 6 月生效，其缔约国为 6 个。该公约的前言主要从以人为中心的角度强调了自然资源的重要性，表现在食物、科学、文化和美学等方面，还指出应考虑土著人的习惯和传统文化习俗。其重心是由每个有关缔约国鼓励设立保护区，以保护自然生态系统中具有代表性的样本、突出的风景，以及具有美学意义或历史、文化和科学价值的地区或事物。阿尔卑斯山脉涉及欧洲好几个国家并构成欧洲最雄伟的自然景观，不仅如此，它还是独特的生命和文化环境，以及重要的经济和娱乐地区。由于其特殊性，人们认为有必要制定一个保护阿尔卑斯山脉的国际法律框架。然而，该公约只是一个区域国家签署的公约，其内容和适用范围都有限，它实际上没有规定缔约国应承担的义务，在组织机构方面也非常简陋。

（二）《阿尔卑斯公约》

阿尔卑斯山脉对于动植物来说是具有重要价值的生境。1991 年 11 月，奥地利、德国、法国等国家在萨尔兹堡签署了《阿尔卑斯公约》，于 1995 年 3 月生效。公约体现了不同自然管理方法的良好综合，其目标是保护自然，同时也是维持这个环境中的人类和对资源的持久管理。这一公约涉及的范围很大，就保护文化遗产和自然遗产的规定主要有：环境管理应保全甚至发扬当地居民的文化和社会身份，风景应受到保护或恢复，以保障生态系统持久运作的方式恢复自然，保存动植物及其生境等。

（三）《荷比卢自然养护和风景保护公约》

1982 年 6 月，在布鲁塞尔签署的《荷比卢自然养护和风景保护公约》（简称《荷比卢公约》）在保护文化与自然遗产方面也具有重要的意义。尽管这一公约只有 3 个国家适用，但由于公约中一些概念的定义具有突破性发展，因此这一公约对于世界文化遗产和自然遗产的保护具有重要意义。公约第 1 条对一些基本概念进行了重新定义：风景是指土壤、地形、水、气候、动植物和人类等各种不同因素之间的联系和相互作用所形成的陆地可以感知的一部分。在一个特定的风景单位中，这些因素形成自然、文化、历史、功能和视觉方面相结合的景象。风景可以被认为是反映了集体对其自然环境的态度和行为方式。

第三节 《世界遗产公约》在适用中存在的问题*

在众多保护自然遗产的国际或区域条约中，《世界遗产公约》作为纲领性、宪法性的文件，无疑发挥着举足轻重的作用。一方面，作为世界上第一部专门保护自然遗产与文化遗产的综合性条约，其对后续的专门性条约起到了示范的作用；另一方面，作为《世界遗产公约》的成员国，必须遵守其规定的义务，因此该公约对成员国保护自然遗产的国内立法也起到了参照的作用。截至 2019 年 12 月，世界上已经有 167 个国家加入了《世界遗产公约》，有 1121 处遗产被列入《世界遗产名录》，其中包括 869 处文化遗产、213 处自然遗产和 39 处文化与自然双重遗产。❷《世

＊ 本节主要内容已发表。见马明飞.《保护世界文化和自然遗产公约》适用的困境与出路——以自然遗产保护为视角[J]. 法学评论, 2011（3）.

❷ States Parties Ratification Status[EB/OL].（2019-12-02）[2020-03-26]. http: //whc. unesco. org/pg. cfm? cid=246.

界遗产公约》适用的 40 多年来，取得的成果有目共睹，它建造了一个保护自然遗产与文化遗产的法律体系。

一、自然遗产的界定标准问题

《世界遗产公约》规定，世界遗产的根本特征是"具有突出的普遍价值"，随后在第 2 条规定了判断自然遗产突出的普遍价值的三项标准：一是从审美或科学角度看具有突出的普遍价值的由物质和生物结构或这类结构群组成的自然景观；二是从科学或保护角度看具有突出的普遍价值的地质和地文结构，以及明确划为受到威胁的动物和植物生境区；三是从科学、保存或自然美角度看具有突出的普遍价值的天然名胜划分的自然区域。然而，在运用这三项标准来确定自然遗产时，却因为其规定的模糊性而无法发挥应有的作用。❶ 例如，巴西曾申请要求将卡皮瓦拉山国家公园作为一项自然遗产纳入《世界遗产名录》，而世界遗产管理委员会却拒绝了这一申请，认为该国家公园不符合自然遗产的标准，而符合文化遗产的标准。❷ 同样的情况也存在于类人猿的保护中。类人猿作为濒临灭绝的物种无疑具有极为珍贵的生态价值，而其生活的区域同样具有重要的科学研究价值。根据《世界遗产公约》的规定，类人猿不属于文化遗产，但也难以将其划入自然遗产的范围。《世界遗产公约》将自然遗产界定为一定的区域，如国家公园、纪念地、保留地等，并不包括生物物种，这就使成员国无法运用公约来保护类人猿及

---

❶ CHRIS WOLD. World Heritage Species: A New Legal Approach to Conservation[J]. Georgetown International Environmental Law Review, 2008 (20): 6.

❷ Serra da Capivara National Park, Brazil, 27 COM 8C. 15[EB/OL]. (2003-12-15) [2020-03-25]. http://whc.unesco.org/en/decisions/710.

其生存区。❶作为事实概念的文化表现为多样性的经验事实，而作为理想概念的文化则不是一种经验事实，而是一种价值理想和先验目的。所谓"突出的普遍价值"本应是从先验目的论的文化立场制定的评判标准，但公约立场的摇摆不定使这种标准看似只是从作为事实概念的文化中总结和归纳出来的一种经验标准。❷

《世界遗产公约》的宗旨在于展示不同文化的交流与影响，但遗产实践中对"突出的普遍价值"的诉求难以避免地将少数化、多元化、杂糅性、异质性排除在外。❸根据《世界遗产公约》的规定，作为自然遗产首先必须具有"突出的普遍价值"，而对于什么是"突出的普遍价值"，《世界遗产公约》并没有详细的说明，而只是用上述的三项标准来加以界定。这就意味着，并非所有的自然遗产都可以列入《世界遗产名录》，纳入《世界遗产公约》保护的范畴。只有那些符合上述三项标准的自然遗产才具备列入《世界遗产名录》的资格。自1977年开始，《世界遗产公约》开始通过《操作指南》来实施。《操作指南》作为联系抽象的公约的精神与缔约国具体的遗产保护工作之间的纽带，是缔约国实施《世界遗产公约》的根本依据。《世界遗产公约》反映了在法律、技术和伦理层面的一贯性，而作为实施工具的《操作指

---

❶ CHRIS WOLD. World Heritage Species：A New Legal Approach to Conservation[J]. Georgetown International Environmental Law Review，2008（20）：6.

❷ 户晓辉. 《世界遗产公约》的修订及其中国意义[J]. 中原文化研究，2016（6）：74.

❸ 张晓佳. 遗产"突出的普遍价值"的国家建构[J]. 学术探索，2018（12）：120.

南》则反映了变化的能力和阐释的可能。❶ 在后续的操作中，世界遗产委员会不断进行修改来解释什么是自然遗产必须具备的"突出的普遍的价值"。在 1992 年的《操作指南》中，已经反映出制定者认为《世界遗产公约》界定的三项标准有些过时。❷ 在 1992 年的《操作指南》中，关于自然遗产的界定标准明显受到了实践发展的影响，特别是一些新的法律制度的影响，如保护生物多样性等。而在 2005 年最新颁布的行动指南中，这一标准再次发生改变。在新的指南中，制定者放弃了《世界遗产公约》对自然遗产和文化遗产的标准进行分开界定的方法，而是将两者结合起来加以统一界定。❸ 而随后在 2006 年，世界遗产委员会要求发展一套全新的程序来清楚地解释什么是自然遗产的"突出的普遍价值"。从这一系列的变化可以看出，随着实践进程的不断深入，《世界遗产公约》原先所确定的用来判断作为自然遗产所必须具有的"突出的普遍价值"的三项标准，已经不符合实践的需要，需要进行修正和补充。

综合近 30 年来自然遗产"突出普遍价值"界定标准的变化来看，呈现以下三种趋势：第一，自然遗产的外延和内涵得到延伸。《世界遗产公约》将自然遗产局限于具有科学、历史、美学等价值的区域，这一界定过于狭窄。在后来的操作指南中，世界遗产管理委员会指出，自然遗产除了其自然属性外，也要强

---

❶ Operational Guidelines for the Implementation of the World Heritage Convention （1992）[EB/OL].（1992–02–12）[2020–07–06]. http: //whc. unesco. org/archive/out/ guide92. htm

❷ FRANCESCO FRANCIONI. The 1972 World Heritage Convention：A Commentary[M]. New York：Oxford University Press，2008：66.

❸ 同❷.

调"自然与人类的共同结晶"及"人类与自然环境之间的互动的多样性"❶。这一态度的转变,极大地丰富了自然遗产的内容,使一些人类与自然共同创造的人文景观也纳入公约的适用范围中来。然而,对于濒临灭绝的物种是否属于自然遗产的范畴,操作指南仍然没有作出回答。值得注意的是,《欧洲野生生物和自然界保护公约》则突破了这一界限。该公约将自然遗产的界定进行了扩展,该公约认为那些必须传给后代的、具有固有价值的、在维持生态平衡方面发挥着基本作用的野生动植物也可以构成自然遗产。第二,强调自然遗产与文化遗产的整体性保护。世界遗产管理委员会逐渐认识到,单纯强调自然遗产的突出的普遍价值作为唯一管理基础而不是考虑自然遗产的整体价值,可能破坏其完整性。于是委员会提出,"当一个文化或自然遗产项目,其整体而不是一些组成部分具有突出的重要性,要为全人类利益永远保护,才被理解为具有突出的普遍价值"❷。这一变化随后在各国的国内立法中得以体现,许多国家改变了传统的自然遗产与文化遗产分而治之的保护方式,转而采用整合化的立法模式来综合保护自然遗产与文化遗产。第三,在"突出的普遍价值"的认定标准上,更突出多样性。作为文化遗产应当与人类的宗教、传统、社会演进和生存具有密切联系,作为自然遗产应当具有生物、生态、遗传的价值,对维持生物多样性具有重要意义。❸

既然突出的普遍价值是人赋予的,那它就不是一成不变的。

---

❶ The Operational Guidelines for the Implementation of the World Heritage Convention[EB/OL].[2020-03-24]. http://whc. unesco. org/en/guidelines.

❷ WHC-Conf. 208/6[EB/OL]. (2001-11-30) [2020-03-23]. https: //whc. unesco. org/archive/2001/whc-01-conf208-6e. pdf.

❸ CHRIS WOLD. World Heritage Species: A New Legal Approach to Conservation[J]. Georgetown International Environmental Law Review, 2008 (20): 16.

《世界遗产公约》第 2 条关于自然遗产"突出的普遍价值"的解释，也是相关者对特定时代问题的创造性回应。而随后的《操作指南》对其进行了多次的解释，可以说每个解释都是一种再创造，这就是解释的价值和意义。在最新的 2017 版《操作指南》中，"突出的普遍价值指罕见的、超越了国家界限的、对全人类的现在和未来均具有普遍的重要意义的文化和 / 或自然价值"❶。标准的修订使《世界遗产公约》继续发挥着重要作用，成功地实践了教科文组织保护自然遗产与文化遗产的政策，实现了遗产保护的可持续发展。同时，标准的修订可以容纳更多的遗产项目，促进缔约国遗产保护事业的发展。因此，标准修订的过程，是《世界遗产公约》与新的时代互动的过程，是文化间交流和对话的过程，是相关者共同协商的过程，是对遗产、价值观、文化和自然、人类生存和发展不断反思的过程。这些都对自然遗产突出的普遍价值标准的修订具有积极意义。

二、《世界遗产公约》适用中的主权限制

《世界遗产公约》第 4 条规定，缔约国承认"本国领土内的文化和自然遗产的确定、保护、保存、展出和遗传后代，主要是有关国家的责任。该国将为此目的竭尽全力，最大限度地利用本国资源，必要时利用所能获得的国际援助和合作，特别是财政、艺术、科学及技术方面的援助和合作"。同时，在第 6 条第 1 款进一步规定缔约国应尊重"公约中提及的文化和自然遗产的所在

---

❶ 联合国教科文组织，保护世界文化与自然遗产政府间委员会，世界遗产中心. 实施《世界遗产公约》操作指南[EB/OL]. （2017–07–12）[2020–03–16]. http://www. icomoschina. org. cn/uploads/download/20180323155730_download. pdf.

国的主权，并不使国家立法规定的财产权受到损害的同时，承认这类遗产是世界遗产的一部分，因此，整个国际社会有责任合作予以保护"。这实际上是国家主权原则在《世界遗产公约》中的体现。在对《世界遗产名录》的规定中也同样体现了要尊重他国的主权，即把一项遗产列入《世界遗产名录》需征得有关国家同意。这一原则也在其他有关自然遗产保护的国际条约中得以体现。例如，《人类环境宣言》第 21 条规定"按照联合国宪章和国际法原则，各国有按自己的环境政策开发自己资源的主权；并且有责任保证在他们管辖或控制之内的活动，不致损害其他国家的或在国家管辖范围以外地区的环境"。

就自然遗产保护而言，国家主权原则是指在保护自然遗产的过程中，每个国家无论大小都拥有自然遗产的主权，对于本国管辖范围以内的相关保护问题，具有最高的处理权和对外独立性，任何国家不得以保护自然遗产为借口干涉别国内政。国家主权原则在自然遗产保护领域的确定，一方面有利于确定自然资源的权属，特别是对于弱小国家而言，是自然资源永久主权原则的体现；另一方面有利于自然遗产所属国结合本国国情，制订相应的政策来实施保护。《世界遗产公约》制定于 20 世纪 70 年代，当时国家主权原则作为国际法上的核心原则为各个国家所推崇。在公约的制定过程中，这项原则也得到了体现。然而，随着实践的发展，在自然遗产保护过程中绝对地坚持国家主权原则却在一定程度上削弱了公约的适用，给公约的执行带来了许多的困境。❶

第一，一项自然遗产能否列入《世界遗产名录》的前提，取

---

❶ FRANCESCO FRANCIONI. The 1972 World Heritage Convention: A Commentary[M]. New York: Oxford University Press, 2008: 402.

决于遗产所在国是否向世界遗产管理委员会提出申请。这就造成了这样一种尴尬，即使一项自然遗产濒临灭绝，亟待保护，但如果所在国不提出申请或请求国际援助，世界遗产管理委员会也对其束手无策。例如，在 20 世纪 90 年代，澳大利亚政府没有向世界遗产委员会申请将卡卡杜国家公园列入自然遗产，该公园的生态环境面临严重的破坏。在这种情况下，虽然澳大利亚是《世界遗产公约》的缔约国，但却难以要求其对卡卡杜国家公园承担条约规定的保护义务。❶

第二，武装冲突中自然遗产的保护，相比于和平时期显得尤为重要。武装冲突对自然遗产地的影响主要体现在导致遗产管理的无政府状态，由此带来偷猎、偷渔、难民、侵占等一系列问题，如刚果（金）持续不断的武装冲突造成霍加狓野生保护区的物种霍加狓不断遭到猎杀，其分布密度急剧下降。❷ 在武装冲突中，原有的合法政府可能不存在，这时已经没有实体来对自然遗产进行保护，更不可能申请将面临危险的自然遗产列入《世界遗产名录》。即使政府存在，但忙于应对武装冲突，也无暇顾及自然遗产的保护工作。而囿于国家主权原则，世界遗产管理委员会和其他国际组织及国家又无法对其进行干涉。❸

第三，当自然遗产位于主权存在争议的区域内时，自然遗产

---

❶ FRANCESCO FRANCIONI. The 1972 World Heritage Convention: A Commentary[M]. New York: Oxford University Press, 2008: 101.

❷ 潘运伟，杨明，刘海龙. 濒危世界遗产威胁因素分析与中国世界遗产保护对策[J]. 人文地理，2014（1）: 29.

❸ FRANCESCO FRANCIONI. Thirty Years On: Is the World Heritage Convention Ready for the 21st Century? [J]. Italian Yearbook of International Law, 2002（13）: 30.

的保护工作也同样难以进行。例如，喀喇昆仑山坐落于印度和巴基斯坦的交界处，但由于印度和巴基斯坦两国对于喀喇昆仑山的划界存在争议，导致无法将该山列入《世界遗产名录》，除非两国提出联合申请。❶同样的情况还存在于南极洲和国际海洋区域，由于主权问题无法得到解决，因此没有合法的主体来对其提出申请和进行保护。

一直以来，对于国家主权原则在世界遗产保护领域的适用存在着两种观点：一种是"民族主义思想"，认为在自然遗产和文化遗产的国际保护上，应当首先强调所属国家对它们的管辖与处置权，因为自然遗产对于维护一国的自然资源、保护生物多样性和历史认同感具有重要的作用，持此观点者更看重民族国家在保护本国文化遗产和自然遗产时的自决权。另一种观点是"国际主义思想"，采用历史上的辨证依据，即世界遗产的保护要与尊重国家的领土主权结合起来❷，强调要尽最大努力维护世界遗产，认为自然遗产作为全人类的共同财富，无论自然遗产处于何处，各国都有责任承担起保护的义务。前者固然坚持了国家主权原则，但实践中却使许多濒临灭绝的自然遗产由于所在国没有承担起应有的保护责任而岌岌可危。后者虽然扩大了各国保护自然遗产的权利和义务，但却为一些国家以保护自然遗产为借口而干涉他国内政打开了方便之门。因此，我们应当将两者结合起来加以运用。当一处具有突出的普遍价值的自然遗产急需保护，而东道国

❶ FRANCESCO FRANCIONI. Thirty Years On: Is the World Heritage Convention Ready for the 21st Century? [J]. Italian Yearbook of International Law, 2002 (13): 32.

❷刘文华.论国际环境法对世界文化与自然遗产的保护[EB/OL].（2005-11-07）[2019-09-13]. https://www.chinacourt.org/article/detail/2005/11/id/185291. shtml.

又没有承担起保护责任时，世界遗产管理委员会或其他相关组织可以对其加以保护。

三、世界遗产基金管理中的问题

《世界遗产公约》对于自然遗产与文化遗产保护的另一突出贡献是设立世界遗产基金。根据《世界遗产公约》第 15 条的规定，"设立一项保护具有突出的普遍价值的世界文化和自然遗产基金，称为'世界遗产基金'"。该基金用来向需要帮助的成员国提供国际援助。世界遗产基金自设立以来发挥了重要作用，为自然遗产和文化遗产保护提供了有力的物质基础和保障。然而，从基金的来源到基金的运作却存在着一些问题，这也使基金的使用并没有达到设立时预想的目标。

第一，关于基金的来源。基金的来源是条约起草过程中各成员国讨论最激烈的问题之一。成员国存在着两种不同的主张：一些国家，如苏丹、埃及、印度、喀麦隆等主张每一个成员国均有义务向基金捐款，这一义务是强制性的；而另一些国家，如泰国则认为成员国向基金捐款是自愿的，如果强制捐款的话，会给政府和国会带来一定的经济困难。❶ 为了寻找一个折中的方案，最后在《世界遗产公约》第 16 条第 1 款中规定了强制性义务，即"公约缔约国每两年定期向世界遗产基金纳款"。但第 16 条第 2 款随即补充道"然而，本公约经第 31 条或第 32 条中提及的国家均可在交存批准书、接受书或加入书时声明不受本条第 1 款的约束"。也就是说，虽然每个成员国有义务必须每两年向世界遗产基金捐款，但是如果缔约国在签订条约时，声明对该条款保留

---

❶ UNESCO. Records of the General Conference: 17th Session, Paris, 17 October to 21 November 1972[R]. 1972: 302.

的则除外。这就使得第 16 条第 1 款的强制性规定相当于一纸空文。而在实际上，更多的国家在加入《世界遗产公约》时，对该条款采取了保留，如巴西、丹麦、保加利亚、法国、德国、挪威、阿曼、南非等。❶ 这些国家没有义务向世界遗产基金捐款。根据世界遗产基金会的统计，2007 年世界遗产基金会共收到捐款 6656836 美元，而其中来自成员国的捐款只有 3695631 美元，仅占 55.5%。这一数额远远无法满足保护自然遗产与文化遗产的现实需要。保护自然遗产和文化遗产是每个国家不可推卸的义务，有学者主张应当改进第 16 条的规定，即每个成员国有义务向世界遗产基金捐款，废除第 2 款的保留性条款，根据成员国的经济发展水平来确定捐款的数额。❷

第二，关于基金的用途。根据《世界遗产公约》的规定，世界遗产基金主要用来提供国际援助，具体援助方式包括：研究在保护、保存、展出和恢复本公约第 11 条第 2 段和 4 段所确定的文化和自然遗产方面所产生的艺术、科学和技术性问题；提供专家、技术人员和熟练工人，以保证正确地进行已批准的工作；提供培训文化和自然遗产的鉴定、保护、保存、展出和恢复方面的工作人员和专家；提供有关国家不具备或无法获得的设备；提供可长期偿还的低息或无息贷款；在例外和特殊情况下提供无偿补助金。世界遗产基金每年获得的捐助数额是有限的，需要基金资助的自然遗产和文化遗产却众多，而其中的用途又是多种多样。根据统计，2008 年世界遗产基金共得到大约 400 万美金的捐款，

---

❶ 参见网站http: //portal. unesco. org/en/ev. php-URL_ID=13055&URL_DO=DO_TOPIC&URL_SECTION=201. html.

❷ CHRIS WOLD. World Heritage Species: A New Legal Approach to Conservation[J]. Georgetown International Environmental Law Review, 2008（20）: 7.

而当时被列入《世界遗产名录》的自然遗产和文化遗产有851处。在当年，基金被用作许多目的，包括预备救助、技术合作、培训、紧急救助、教育和宣传等活动。而每一项活动所获得的基金却是有限的，如第一个预备救助的要求仅获得了3万美元的基金资助，这显然无法满足救助的需求。

第三，关于第15条第4款的规定。《世界遗产公约》第15条第4款规定："对基金的捐款和向委员会提供的其他形式的援助只能用于委员会限定的目的。委员会可接受仅用于某个计划或项目的捐款，但以委员会业已决定实施该计划或项目为条件，对基金的捐款不得带有政治条件。"根据该款的规定，基金管理委员会接受指定专门用途的捐款，但这笔捐款的使用必须满足两个条件：首先，指定的使用该基金的自然遗产与文化遗产必须列入《世界遗产名录》；其次，在捐款的同时不得附加任何政治条件。这一规定的初衷在于避免一些发达国家利用捐助损害发展中国家的经济利益和政治利益。然而在实践过程中，却遭到了许多国家的反对。一些国家要求修改该条款，理由是虽然某些自然遗产和文化遗产没有列入《世界遗产名录》，但是捐助国和被捐助国自愿达成协议，愿意为该遗产的保护和利用提供资助时，却因为该遗产并不属于《世界遗产名录》而无法通过世界遗产基金来执行。同时，发达国家在对发展中国家提供自然遗产保护的捐助时，经常会附以一定的经济和技术条件，尽管这些条件并非政治条件，但却经常被世界遗产基金管理委员会认为带有政治色彩而予以拒绝。❶世界遗产管理委员会也逐渐意识到了这一问题，于

---

❶ FRANCESCO FRANCIONI. The 1972 World Heritage Convention：A Commentary[M]．New York：Oxford University Press，2008：286.

是在 2009 年塞维利亚召开的第 33 届世界遗产委员会上通过了第 33 COM 16. B 号决定，其中第 14 段规定："要求世界遗产中心制定一系列备选方案供《世界遗产公约》的所有缔约国进行审议，以确定其向基金提供自愿补充捐款的金额，从而增加《世界遗产公约》项下的活动，以及使用部分现有捐款的可能，同时兼顾列入《世界遗产名录》的遗产数量。"这在一定程度上扩大了基金的使用范围，使一些没有列入《世界遗产名录》的自然遗产和文化遗产也可能得到基金的资助。❶

四、《世界遗产公约》与其他公约的冲突

在自然遗产保护方面，除了《世界遗产公约》外，1992 年的《生物多样性公约》、1979 年的《保护野生动物迁徙物种公约》、1974 年的《濒危野生动植物种国际贸易公约》、1971 年的《关于特别是作为水禽栖息地的国际重要湿地公约》等，都对相关自然遗产及自然资源的保护作出了规定。这些不同的条约在自然遗产保护方面相互支持、相互补充。但是如果一个成员国同时是上述两个或更多条约的共同成员国，那么在适用条约义务时就会面临不同条约之间可能存在的冲突。要解决一条约与其他条约之间的冲突，首先应从条约规定本身入手。1992 年的《生物多样性公约》第 22 条明确规定了本条约与其他条约的关系："本公约的规定不得影响任何缔约国在任何现在国际协定下的权利和义务，除非行使这些权利和义务将严重破坏或威胁生物多样性。"1979 年的《保护野生动物迁徙物种公约》则在第 12 条第 2 款中规定："本公约的规定将不影响任一缔约方从现存的条约、公约或协定

---

❶ WHC–09/17. GA/6〔EB/OL〕.（2009–07–31）〔2020–03–15〕. http: //whc. unesco. org/en/documents/102532.

所取得的各项权利和义务。"与《生物多样性公约》相比，其缺少了"除非行使这些权利和义务将严重破坏或威胁生物多样性"的例外性规定。同样，1974年的《濒危野生动植物种国际贸易公约》第14.条通过6款专门规定了本公约对国内立法及各种国际公约的效力。

如果一项条约规定导致或可能导致对另一项条约规定的违反，或者一缔约国无法同时满足两项条约规定的要求，就存在着条约之间的冲突。❶冲突条款是条约中为了确定本条约与本条约当事国订立的其他条约之间关系的条款。国际法委员会认为，冲突条款是"本条约中为了处理与其他条约规定或者其他同一事项条约之间关系的条款"❷。由于国际社会并不存在一个统一的立法机构，因此无法像国内立法那样形成一个统一的体系，这一现象尤其表现在自然遗产保护当中。保护自然遗产的国际组织数目众多，联合国教科文组织、世界自然联盟等国际组织均以保护自然遗产和自然资源为己任，他们颁布的各项条约并不具备统一的体系。冲突条款是解决国际条约冲突最为重要的工具，其作用在于确定条约发生冲突时何者优先适用。

通过对国际条约中规定的冲突条款的概括和总结，可以发现，冲突条款可以大体上分为两类，即规定本条约优先适用的条款及规约优先适用的条款。而《生物多样性公约》和《保护野生动物迁徙物种公约》均采用了规定现行条约优先于本条约适用的冲突条款方式，只是《生物多样性公约》增加了一例外性的规

---

❶ 廖诗评. 条约冲突的基本问题及其解决方法[J]. 法学家，2010（1）：146.

❷ UNITED NATIONS. Yearbook of the International Law Commission[M]. Vol. 2. New York：United Nations Publication，1966：214.

定，如果现行条约的权利和义务将严重破坏或威胁生物多样性时，将不予适用。这种明确规定条约冲突条款的方式，运用起来相对简单，有利于条约冲突的解决。这种方法事实上是以条约文本的形式反映了缔约方的意愿，体现了对缔约方意图的尊重，这也使这种条款获得了很大的合法性和正当性。

然而作为保护自然遗产与文化遗产的纲领性、宪法性文件的《世界遗产公约》却并没有关于冲突条款的规定。《世界遗产公约》在适用过程中，不但有可能与其他现存的或将来的保护自然遗产的国际条约相冲突，也有可能与现存的或将来的区域性条约相冲突。由于《世界遗产公约》本身没有冲突条款可以适用，这就需要利用国际法规则来加以解决。《维也纳条约法公约》是现代国际法最为重要的多边国际公约之一。尽管《维也纳条约法公约》第 30 条并没有明确规定将条约解释作为解决条约冲突的一种方法，国际法委员会在其 2006 年《国际法不成体系问题：国际法多样化和扩展引起的困难》的报告中也没有将条约解释作为一种冲突解决方法进行讨论，但事实上，条约解释规则在解决条约冲突过程中起到了很重要的作用。❶《维也纳条约法公约》第 31 条和第 32 条规定了条约解释的方法，概括起来包括：善意解释的方法；文义解释的方法；上下文解释的方法；系统解释的方法。当《世界遗产公约》在适用过程中与其他保护自然遗产的条约相冲突时，可以依据上述方法来解决何者优先适用的问题。

由于条约冲突的解决往往是一个非常复杂的过程，会涉及不同国际组织甚至是各种政治力量的博弈，尤其是在自然遗产保

---

❶ 廖诗评. 条约解释方法在解决条约冲突中的运用[J]. 外交评论，2008（10）：105.

护中，不同的利益团体有着不同的利益诉求，而且通过较为具体的方式来解决冲突不利于各国在签订条约时达成意见一致，因此在规定冲突条款时，往往采用抽象的规定方法，因为条约的制定者最关注的是条约被更多的缔约国所接受。而条约中的冲突条款，相对于条约中规定缔约方的权利与义务的实体条款而言，显得并不那么重要，因此在自然遗产保护条约的制定过程中，制定者往往制定一个原则性的、宏观性的框架，而把具体的技术问题留待以后实践当中去解决。这样，条约冲突条款的措辞往往比较抽象，甚至模糊。例如，1992 年的《生物多样性公约》第 22 条的条约冲突条款规定："本公约的规定不得影响任何缔约国在任何现在国际协定下的权利和义务，除非行使这些权利和义务将严重破坏或威胁生物多样性。"该条款虽然明确规定，只要缔约国其他国际协定项下的权利义务不会严重破坏或威胁生物多样性，那么这些规定就将优先于《生物多样性公约》而被适用。但是什么情况才算是"严重破坏或威胁生物多样性"，《生物多样性公约》并没有明确指出。这就使实践过程中缺乏可操作性和统一的适用标准。发达国家和发展中国家由于经济发展水平和环境保护水平差距较大，对于"严重破坏或威胁生物多样性"的标准显然不在同一水平层面。即使是发达国家之间也不可能存在统一的认同标准，这就使缔约方援引该条款带来了一定的难度。甚至，从某种意义上说，这种冲突条款在实践中几乎形同虚设。

值得注意的是，2000 年制定的《欧洲景观公约》明确表达了尽量避免与其他国际公约和国家的法律发生冲突的理念。特别是在与《世界遗产公约》的关系上，《欧洲景观公约》特别强调该公约避免和其他现有的国际和国家的法律发生冲突，这使其不能

推翻其他现有或将来的国际或国家法律。❶

五、《处于危险的世界遗产目录》的适用问题

《世界遗产公约》第11条规定：世界遗产管理委员会有权制定、更新和出版《世界遗产名录》和《处于危险的世界遗产目录》。《世界遗产名录》的制定程序，《世界遗产公约》予以了明确的规定，即首先由缔约国提交申请清单，由世界遗产管理委员会根据该公约规定的自然遗产和文化遗产的认定标准来决定成员国所提出申请的遗产能否列入《世界遗产名录》。也就是说，把一项遗产列入《世界遗产名录》必须征得有关国家同意。然而第11条第4款关于《处于危险的世界遗产目录》的规定，《世界遗产公约》却显得较为模糊，其指出"委员会应在必要时制定、更新和出版一份《处于危险的世界遗产目录》，其中所列财产均为载于《世界遗产名录》之中、需要采取重大活动加以保护并为根据本公约要求给予援助的财产。……委员会在紧急需要时可随时在《处于危险的世界遗产目录》中增列新的条目并立即予以发表"。这一规定存在两个疑问：首先，制定《处于危险的世界遗产目录》的程序是否与制订《世界遗产名录》的程序相同？是否也要以成员国申请为前提和必要条件？其次，第4款规定的"紧急需要"应当如何界定？何种情况属于紧急需要，何种情况属于一般需要呢？公约在此问题上规定的模糊性，导致实践中争议不断。

由于条约规定的模糊性，在实践中出现了四种不同的申请程序的结果。第一种是由成员国主动申请，世界遗产管理委员会同

❶ DÉJEANT-PONS M. The European Landscape Convention [J]. Landscape Research, 2006（31）: 363-384.

意后，将其列入《处于危险的世界遗产目录》。第二种是成员国并没有主动提出申请，而是世界遗产管理委员会认为有"紧急需要"的情形将成员国境内的自然遗产列入目录，事后成员国对此并未作出任何反对。例如，1991 年，世界遗产管理委员会认为，位于南斯拉夫境内的杜柏尼克古城处于危险的状态，破坏情况严重，但是南斯拉夫政府并没有申请将其列入《处于危险的世界遗产目录》。世界遗产管理委员会认为古城的情形属于紧急需要，于是将其列了目录中，而前南斯拉夫政府对这一行为并未作出任何反对。❶ 第三种是虽然成员国没有申请将其境内的某处自然遗产列入《处于危险的世界遗产目录》，但该遗产已经列入《世界遗产名录》，并且成员国申请了对该遗产的国际援助，在这种情况下世界遗产管理委员会将其列入《处于危险的世界遗产目录》。例如，在 1996 年墨西哥梅里达召开的第 20 届世界遗产大会上，委员会认为位于刚果境内的瓜兰巴国家公园内的许多珍稀动植物物种处于濒临灭绝的状态，虽然刚果并没有申请将此公园列入《处于危险的世界遗产目录》，但是该公园已经列入《世界遗产名录》并且刚果已就瓜兰巴国家公园向世界遗产基金申请了国际援助。在这种情况下，委员会作出决定，将瓜兰巴国家公园列入《处于危险的世界遗产目录》。❷ 第四种是成员国没有主动提出申请，世界遗产管理委员会根据条约主动将成员国境内的某处自然遗产列入《处于危险的世界遗产目录》后，成员国提出反对。例如，在 1996 年墨西梅里达召开的第 20 届世界遗产大会上，世界遗产管理委员会认为埃塞俄比亚境内的塞米恩国家公园破坏情况严重，有保护的紧急需要，于是将其列入《处于危险的世界遗

---

❶ Report of the World Heritage Committee：15th session[R]. 1991：29.

❷ Report of the World Heritage Committee：20th session[R]. 2000：37.

产目录》，而这一行为却遭到了埃塞俄比亚的强烈反对，认为世界遗产管理委员会的行为侵犯了其国家主权。❶同样的情况还有位于尼泊尔的加德满都大峡谷，该峡谷具有极其重要的生态价值，同时面临着威胁和破坏。然而尼泊尔政府并没有打算将其申请列入《处于危险的世界遗产目录》加以保护。考虑到大峡谷现状，世界遗产管理委员会在 2003 年决定，将加德满都大峡谷列入《处于危险的世界遗产目录》。❷从加德满都大峡谷这一案例可以看出，列入《濒危名录》作为促进缔约国完善保护管理的"惩罚"手段面临的现实困境，即缺乏技术和经济上的保障。❸2015年 4 月尼泊尔发生 8.1 级地震，国际古迹遗址理事会认为该遗产地在地震重建过程中使用了不正确的工艺和材料，使遗产的突出普遍价值遭受了二次破坏，尼泊尔政府部门在控制和协调恢复工作中缺乏足够的管理能力，需要获得更多来自国际社会的支持。❹尽管尼泊尔政府对其提出了反对，认为世界遗产管理委员会的做法侵犯了其主权，但从自然遗产保护角度而言，世界遗产管理委员会的决定无疑对大峡谷的保护具有重要意义。

有学者指出，《世界遗产公约》之所以没有把成员国的申请作为列入《处于危险的世界遗产目录》的前提和必要条件，主要基于以下考虑：第一，与《世界遗产名录》中所列的遗产不同，《处于危险的世界遗产目录》中的遗产都是处于极度危险、需要紧急救助，否则将有可能永远消失。这个时候如果还需要等待成

---

❶ Report of the World Heritage Committee：20ᵗʰ session[R]. 2000：32.

❷ Decision 27COM 7B. 52：27ᵗʰ Session of the World Heritage Committee[R]. 2003.

❸ 孙燕. 世界文化遗产列入濒危标准的发展与当前困境[J]. 自然与文化遗产研究，2019（6）：44.

❹ 杨爱英. 濒危世界遗产：理论与实践的困局[J]. 中国文化遗产，2019（6）：41.

员国的申请的话，将会耽误宝贵的时间。因此，世界遗产管理委员会有权利将其直接纳入《处于危险的世界遗产目录》中，在最短的时间内实现对其的保护和拯救。第二，成员国在履行条约义务时，并非都处于积极主动的状态，有的成员国怠于履行，甚至逃避履行条约所规定的义务。即使成员国明知其境内的某处自然遗产或文化遗产处于紧急状态，也不会向世界遗产管理委员会提出申请。这个时候，如果世界遗产委员会不采取有效行动的话，遗产将处于极度危险的状态。[1] 因此，《世界遗产公约》赋予委员会权力，可以不需要成员国的申请将其境内紧急需要救助的自然遗产或文化遗产列入《处于危险的世界遗产目录》中。

《世界遗产公约》的这一构想，虽然可以在最大程度上保护那些处于危险状态的自然遗产，但是也的确存在世界遗产管理委员会干涉成员国内政的可能性。根据《世界遗产公约》的规定，"委员会在紧急需要时可随时在《处于危险的世界遗产目录》中增列新的条目并立即予以发表"，只有在"紧急需要"的情况下，世界遗产管理委员会才有权，无须得到成员国的申请，而直接将其境内的自然遗产列入《处于危险的世界遗产目录》。因此，如何界定"紧急需要"就显得尤为重要，如果世界遗产管理委员会的决定是在并非"紧急需要"情况下作出的，那么显然是不正当地干涉了成员国的内政。遗憾的是，《世界遗产公约》对什么是"紧急需要"却并没有作出任何界定。而在实践中，那些处于危险状态的自然遗产或文化遗产自身性质不同，危险发生的原因和表现形式也千差万别，根本不具有可比性，难以从实践中得出统一的标准。因此，如何准确地界定"紧急需要"的情形，是保

[1] FRANCESCO FRANCIONI. The 1972 World Heritage Convention: A Commentary[M]. New York: Oxford University Press, 2008: 198.

058

证第 11 条第 4 款得到有效运用的前提和保证。列入《濒危名录》显然并不意味着对于缔约国保护管理工作的否认，而是为了凝聚国际各界的力量，为处于威胁中的遗产地的保护管理提供更加坚实的技术与经济层面的保障。❶

尽管随着实践的发展《世界遗产公约》暴露出这样或那样的问题，但是其所取得的巨大成就是不可否认的，世界遗产管理委员会也通过不断更新《行动指南》来对该公约的执行进行修正。《世界遗产公约》在保护自然遗产中的纲领性地位，依然无法取代。

小　结

《世界遗产公约》作为世界范围内保护自然遗产的纲领性文件，在自然遗产的国际法律保护中起到了举足轻重的作用。《世界遗产公约》及其《行动指南》对自然遗产的法律保护形成了一套系统的方案，对其他自然遗产保护公约的制定和成员国国内立法的制定都产生了深远的影响。自《世界遗产公约》颁布以后，其他自然遗产保护组织为了配合公约的执行，颁布了一系列与自然遗产保护相关的国际条约，这些条约或者关注于某一类自然遗产，或者关注于自然遗产保护的某一方面。可以说，这些条约构成了自然遗产国际法律保护的条约群。

各大洲也越来越意识到自然遗产保护的重要性，无论是欧

---

❶ 孙燕. 世界文化遗产列入濒危标准的发展与当前困境[J]. 自然与文化遗产研究，2019（6）：45.

洲、美洲还是亚洲都结合本区域内的特点制定了相应的自然遗产保护的区域性公约。这些区域性公约极具地方特色，充分考虑了本地区内自然遗产的特点。有的公约甚至对《世界遗产公约》作出了重大的突破，对自然遗产的保护作出了突出的贡献。此外，针对一些特殊区域也颁布了相应的国际性立法，为这些特殊区域的法律保护提供了依据。

除了条约的形式以外，国际组织和国际社会还制定了大量的软法性文件，如宣言、纲领、行动计划等。这些软法性文件虽然不像条约那样具有拘束力，但却由于其灵活性得到了各国的认同和响应，且许多软法性文件也为后来的国际条约的制定提供蓝本。这些软法性文件同样在自然遗产保护过程中发挥了重要的作用。

由于《世界遗产公约》制定时间较早，为了使更多国家加入，其在很多问题上采取了回避的做法或作出了模糊性的规定。随着实践的发展，《世界遗产公约》在自然遗产保护的某些问题上已显得力不从心。例如，世界遗产基金的募集、《世界遗产公约》与其他条约之间的关系、适用过程中的主权冲突等问题，严重影响了《世界遗产公约》在现实中的效力。因此，我们必须对《世界遗产公约》中不合时宜的内容进行修改，以适应 21 世纪的全新需要，使《世界遗产公约》永葆生命力。

第三章

自然遗产保护的国家立法及缺陷

第一节 主要国家自然遗产保护立法及启示

一、美国

（一）立法概况

美国与中国相同，同样为幅员辽阔、自然遗产资源丰富的国家。作为目前世界上自然遗产立法最为完备的国家，美国的自然遗产保护法律体系历史悠久、制度完善。自然遗产的最佳保护形式是成熟的国家公园体制或类似于国家公园体制的保护区制度。❶美国是世界上最早建立国家公园的国家，并在 1872 年颁布了世界上第一部国家公园的立法——《黄石国家公园法案》，由此拉开了美国国家公园立法的序幕。❷美国并非先有国家公园的存在

---

❶ 刘红婴. 行进中的自然遗产及其价值[J]. 遗产与保护研究，2017（6）：32.

❷ RICHARD J ANSSON JR. Protecting and Preserving Our National Parks：The Everglades National Park Restoration Project[J]. Virginia Environmental Law Journal，2000（19）：5.

而后才制定了一系列的法律，而是在思考将以往的"自然保护区"纳入国家保护的过程中先进行立法，法律于此不只是应激性反应的结果，也会起到引领和指导作用。❶

进入 20 世纪后，随着自然遗产保护呼声的不断增强，美国在 1916 年设立了国家公园管理局作为国家管理自然遗产的专门机构来行使其职权，并颁布了《国家公园管理组织法》，在其授权下每个国家公园都可以制定自己的管理法案。据此，美国的国家公园形成了一整套法律体系。❷ 健全的法律保护体系为国家公园设置了严密的屏障。自 1872 年《黄石国家公园法案》及《国家公园管理组织法》颁布以来，美国陆续制定了《原野法》《原生自然与风景河流法》《国家环境政策法》《原生自然与风景河流法》《濒危物种法》《国家史迹保护法》《阿拉斯加国家利益土地保护法》等有关自然遗产的管理法案。❸ 这些法律对各种类型的自然遗产进行了全面的规定，内容包括管理机构的职责，自然遗产的开发利用、保养维护等。

综观美国国家公园法律制度，呈现以下特点：首先，立法体系完备，不但联邦拥有《国家公园管理组织法》，而且每一个国家公园根据授权还有自己独特的立法。美国国家公园的法律法规体系是由登记梯度明确的联邦法案，相关行政命令、规章、计划、协议、公告、条例等构成，确立了层层围绕"国家公园"的法律文件群，形成了多种法律控制制度相互补充、相互制约的平

---

❶ 夏云娇，刘锦. 美国国家公园的立法规制及其启示[J]. 武汉理工大学学报（社会科学版）. 2019（4）：127.

❷ HOLLY LIPPKE FRETWELL. A Strategy for Restoring America's National Parks[J]. Duke Environmental Law & Policy Forum，2003（13）：7.

❸ 杨锐. 美国国家公园的立法与执法[J]. 中国园林，2003（4）：63—66.

衡型架构。❶除此之外，美国还有一系列与国家公园管理相配套的法律，如《公园志愿者法》《特许经营法》《国家公园航天器飞越管理法》《国家公园体系单位大坝管理法》等，这些立法与美国的国家公园立法形成了有益的补充，构建了一套完备的法律体系。其次，在角色定位上，美国国家公园的管理者将自己定位于管家或服务员的角色，而不是业主的角色❷，使其在自然遗产的管理过程中，更多的任务是为自然遗产管理服务，而并非从自然遗产管理中盈利。这样就避免了管理者受利益的驱使，而作出不利于自然遗产保护的决策。国家公园管理局的建立结束了过去对自然遗产管理混乱的局面，国家公园有了独立的联邦最高主管机构，实行统一和科学的管理原则。❸再次，国家公园层次划分明确。美国根据国家公园受保护的重要程度，将那些价值更大、需要保护程度更高的公园列为国立国家公园，而将价值与保护程度次之的国家公园列为州立国家公园。不同级别的国家公园，其保护目的也不同，国立国家公园是为了保护，而州立国家公园是为公众提供休闲和娱乐的场所。最后，法律责任明确。在美国的国家公园立法中，法律责任制度也相当完备。除了对违法者规定了明确的法律责任外，还对没有履行职责或怠于履行职责的管理者规定了明确的法律责任。

（二）启示

美国国家公园之所以能成为世界自然保护工作的典范，很大

---

❶ 周武忠.国外国家公园法律法规梳理研究[J].中国名城，2014（2）：40.

❷ 汪昌极，苏杨.美国自然文化遗产管理经验及对我国的启示[EB/OL].（2005-04-06）[2020-03-24]. http://forum.gsean.org/simple/?t2336.html.

❸ 尚彦军.美国自然遗产保护的发展历程与经验——以国家立法为视角[J].遗产与保护研究.2016（6）：75.

程度上得益于其独具特色的国家公园体制。美国国家公园的制度建设主要体现在以下三个方面：一是通过完备的立法体系，确立了国家公园的合法性地位；二是构建了联邦政府直辖的"国家公园局——地区局——园长"三级管理体制；三是塑造了兼容并包的国家公园体系。❶作为世界上国家公园立法最完备的国家，其许多经验值得我们学习和借鉴。首先，管理者的强势地位。在美国的国家公园立法中，国家公园管理局作为联邦层面的管理主体，负责全国范围内的自然遗产管理工作，其地位完全独立，不隶属于任何机构。美国国家公园体系是由美国各级政府采取由上而下，从中央到地方，运用行政、法律、资金、教育等多种方法，对世界遗产进行长久有效保护的保护机制。这就使国家公园管理局可以不受干涉地独立开展工作。其次，注重自然遗产与文化遗产的整体保护。在美国的立法当中，都是将国家公园、国家保留地、国家河流等自然景观与国家公园与国家历史公园、国家纪念地、国家历史街区等人文景观国家公园，综合起来加以保护的。在自然景观的国家公园内会存在大量的文化遗产，而在人文景观的国家公园内也会存在大量的自然遗产。可见，美国在自然遗产与文化遗产的保护理念上，采取了综合式立法的保护方式，即对自然遗产与文化遗产实行整体保护。❷最后，完善的法律救济制度。值得一提的是，在美国的国家公园立法中，还建立了配套的法律救济制度。根据国家公园体系的相关法律，如果公众认

❶ 高科. 公益性、制度化与科学管理：美国国家公园管理的历史经验[J]. 旅游学刊，2015（5）：4.

❷ PAUL C PRITCHARD. Our National Parks：Assumptions，Metaphors and Policy Implications[J]. Fordham Environmental Law Journal，1997（8）：6–10.

为国家公园管理局的某项管理行为违反了法律的规定或者没有采取应有的保护行动时，任何公众都可以对美国国家公园管理局提起诉讼，这在一定程度上对立法者起到了监督作用，迫使其必须严格按照法律授予的权限和范围来认真地履行其职责。

二、加拿大

（一）立法概况

加拿大是世界上面积第二大的国家，自然生态系统类型多样，拥有森林、草原、沼泽等多种陆地生态系统类型。自1885年建立第一个国家公园——班夫国家公园以来，目前已拥有39个国家公园，其中多个被列为世界自然遗产。加拿大是世界上最早建立国家公园制度的国家之一，1887年颁布了第一部国家公园法《落基山公园法》，从此拉开了加拿大国家公园的立法工作。❶自此之后，加拿大颁布了数部自然遗产保护相关的法律，建立起一整套自然遗产保护法律体系，包括《历史遗址与文物法》《自治领森林保护地和公园法》《加拿大国家公园管理局法》《加拿大国家公园法》《加拿大遗产部法》《加拿大野生动物保护法》《加拿大国家海洋保护区法》《濒危物种保护法》等。在1911年《自治领森林保护地和公园法》当中，加拿大设立了联邦遗产部国家公园管理局作为全国性的国家公园管理机构。在随后的《加拿大国家公园法》当中，又规定国家公园的组织、管理和调控是在联邦遗产部的部长直接领导下进行。至此，加拿大确立了垂直领导

---

❶ PHILIP DEARDEN, RICK ROLLINS. Parks and Protected Areas in Canada: Planning and Management[M]. Toront: Oxford University Press, 1993: 256-272.

的自然遗产管理体制。❶

　　加拿大在国家公园的立法上十分严谨,《加拿大国家公园局法》《加拿大遗产部法》及《加拿大国家公园法》三部法律形成了层层递进的关系。首先,《加拿大国家公园局法》是一部组织法,它是联邦政府设立国家公园管理机构的依据;其次,《加拿大遗产部法》在此授权下,设立了联邦政府国家公园的管理机构——加拿大遗产部,并明确了遗产部的权力与职责;最后,《加拿大国家公园法》则是遗产部开展工作的法律依据,其确定了国家公园的权属关系及国家公园的任务、目的、保护措施与违法行为的法律责任等制度。可见三部法律一环扣一环,形成了一个有机联系的整体,为加拿大国家公园的法律保护提供了有力的保障。除此之外,上述的《加拿大国家海洋保护区法》《濒危物种保护法》《历史遗址与文物法》《濒危物种保护法》等形成了有益的补充,共同构成了加拿大的自然遗产保护法律体系。

(二)启示

　　加拿大的自然遗产保护体系同样有许多经验值得我们学习和借鉴。首先,立法层次严谨有序。如上所述,加拿大从管理机构的设立,到管理机构的职责与任务,再到国家公园保护的法律措施,均先以设立授权法为前提,在此基础上,一步步完成国家公园管理体系的建立。可以说,加拿大的自然遗产保护实行的是立法先行的策略,为自然遗产保护工作的开展提供了有力的法律保

❶ PHILIP DEARDEN, RICK ROLLINS. Parks and Protected Areas in Canada: Planning and Management[M]. Toronto: Oxford University Press, 1993: 154-156.

障。国家公园管理局根据法案设立并在法律框架内行使职权，在国家公园内实行的各项管理都严格以联邦法律为依据，其中包括关键的区域管辖权力和管理局在联邦财政中的地位。这样，管理局就有足够的法律保障、财政保障对自然遗产进行保护。❶其次，重视国家公园管理计划。根据《加拿大国家公园法》的规定，第一个国家公园在建立后，都要制订一个长期的管理计划。在计划中要对国家公园未来的发展目标、资源的利用、利益的分配等问题作出展望，并要求每五年对计划更新一次。加拿大在遗产体系建设中持有一种理性且科学的态度，秉承本体价值优先及公平竞争原则，即提名世界自然遗产名录的标准是突出的普遍价值，而不是其权属及托管部门的级别。加拿大联邦保护地体系独立而完整，决定了世界遗产将长期以传统型规划为主、全球价值导向型为辅的局面。❷同时，其他配套法律和水电资源的开发、动植物资源的保护、土地的保养与维护等方面所作出的规定，均体现了加拿大国家公园立法力求实现自然遗产可持续发展所出的努力。最后，重视公众教育。加拿大的自然遗产保护立法十分重视对公众的教育和宣传，希望通过这些教育和宣传活动，增加公众对于本国自然遗产的自豪感，从而主动参与自然遗产的保护工作。例如，《加拿大国家公园法》第1条a款规定了设立国家公园的主要目的："依照此法令、法规，加拿大国家公园要有益于为加拿大人民提供教育娱乐机会，并为了子孙后代能永远享受到国家

---

❶ 罗佳明. 中国世界遗产管理体系研究[M]. 上海：复旦大学出版社，2004：59.

❷ 张振威，等. 论加拿大世界自然遗产管理规划的类型及特征[J]. 中国园林，2013（9）：40.

公园的益处，而对其进行保护。"❶ 此外，加拿大在国家公园管理中，公众参与的意见在系统计划拟定、计划目标拟定、交替方案拟定、经营管理计划拟定等过程中均被列为重要的参考资料，真正做到了以人为本，使公众全面参与国家公园规划设计的每一层面，且考虑公众对自然遗产保护的意愿。❷

三、澳大利亚

（一）立法概况

澳大利亚是世界上建立国家公园较早的国家之一，丰富的自然资源和历史文化使澳大利亚拥有许多得天独厚的自然遗产。早在 1863 年，澳大利亚在塔斯玛尼亚通过了第一个自然保护区法律。在意识到自然遗产保护的重要性后，澳大利亚也建了国家公园制度来保护自然遗产和资源。1879 年，澳大利亚将悉尼以南的王室土地开辟为保护区域，并建立了国家公园，这是继美国黄石国家公园之后，世界上第二个国家公园。

在 1863 年建立塔斯马尼亚保护区后，该州政府颁布了《荒地法》，随后又颁布了《皇家土地法》，对该自然保护区进行管理，由此拉开了澳大利亚自然遗产保护立法的序幕。目前，在联邦层面上，自然遗产保护立法已有 30 多个，如《国家环境保护委员会法》《环境保护和生物多样性保持法》《国家公园与野生生物保护法》《世界遗产财产保护法》等综合立法；有《濒危物种保护法》《海洋石油污染法》《大堡礁海洋公园法》等专项立法；

---

❶ 王维正.国家公园[M].北京：中国林业出版社，2000：333.

❷ 陈绍志，赵劼.有效管理和公众参与的北美印记[EB/OL].（2014–01–02）[2020–03–25].http://www.chla.com.cn/htm/2014/0326/205032_2.html.

还有 20 多个行政法规，如《清洁空气法规》《辐射控制法规》等。此外还有一系列自然遗产保护发展战略，如《国家生态可持续发展战略》《澳大利亚环境保护与生物多样化保护法》《国家野草控制战略》《澳大利亚濒危动植物和生态区域保护战略》。在州层面上，各州涉及生态环境保护和建设的法规多达百余个。澳洲立法的一个特点是规定具体、条款很细、可操作性极强。立法上的严密、具体，有效地避免了执法的随意性，确保了执法的公平性，维护了法律的权威性。❶澳大利亚自然遗产执法也十分严格，不论是个人、企业，还是政府机构，只要违反了自然遗产保护法规，都要受到严肃查处，对法人可以判处高达 100 万澳元的罚金，对自然人可判处 25 万澳元罚金，对直接犯罪人还可处以高达 7 年的监禁，具有极强的震慑力。❷

（二）启示

澳大利亚现有世界遗产 20 项，包括自然遗产 12 项、文化遗产 4 项、文化与自然双重遗产 4 项。2005 年在南非召开的第 29 届世界遗产大会上，澳大利亚的世界自然遗产保护经验得到了国际社会的认可。澳大利亚在自然遗产保护方面取得了一定的成就，许多经验值得我们借鉴。首先，分级管理、多元参与的管理体制。澳大利亚在自然遗产的立法上确立了分级管理的模式，即联邦政府在国家层面上行使职权，各州政府在其行政区域内行使职权，同时，为了确保联邦与州之间的协调，澳大利亚还通过跨

---

❶ A Shared Vision for Tourism in Kakadu National Park[EB/OL].[2020-03-15]. http://www.environment.gov.au/parks/publications/kakadu/shared-vision-response.html.

❷ 高正文.澳大利亚环保考察印象[J].世界环境，2006（4）：13.

部门的常设机构——自然资源管理部长理事会及环境保护与遗产理事会——负责居间综合协调。❶ 这一模式加强了联邦与地方之间的分工与合作，实现了资源的优化配置，降低了管理成本。其次，重视土著居民的作用。澳大利亚存在着大量的土著居民，许多自然遗产位于土著居民生活的区域。澳大利亚在立法过程中，十分重视土著居民在这些自然遗产管理中的作用，他们很早就意识到土著居民在保护生物多样性的独特优势。因此，在澳大利亚的自然遗产保护立法中，建立了土著居民参与共管的管理模式，很好地平衡了本土居民作为"原住"的利益诉求，对于减少国家公园运作过程中的管理冲突十分有效，同时避免了因公园建设而大规模迁移人口的经济代价。❷ 这一模式的建立，既有利于协调当地居民与土著居民之间的关系，又有利于发挥土著居民保护自然遗产与文化遗产的积极性。最后，法律责任制度完善。如上所述，在澳大利亚的自然遗产保护立法中，确立了极其严格的惩罚制度，而且该制度针对的不仅仅是个人和企业，还适用于政府机构，这在其他国家的法律责任制度里是不多见的。这种法律责任制度不仅可以对那些试图破坏自然遗产的个人和企业产生强大的威慑作用，也会在很大程度上督促政府机构认真履行其职责。为了更好地履行《世界遗产公约》的责任，并在尊重地区保护差异的同时促进各利益相关者广泛参与到世界遗产的统筹保护当中，澳大利亚政府针对世界遗产的权属特点和组合方式差异，对法律法规、管理机制和规划层次进行了调整和完善，形成了极具本土

---

❶ 秦天宝.澳大利亚保护地法律与实践述评[C].中国法学会环境资源法学研究会，2009：550-555.

❷ 孙飞翔，刘金森，李丽平. 国家公园建设的国际经验研究[J]. 环境与可持续发展，2017（4）：145.

特色的世界遗产管理框架。❶

四、意大利

（一）立法概况

意大利的自然遗产保护立法历史悠久。从 15 世纪的教皇敕书到 1999 年的《关于文化与环境遗产的法律法规汇编》（简称《联合法》）的颁布，意大利的自然遗产立法在数百年间从未间断过。意大利是世界上自然遗产与文化遗产最丰富的国家之一，其完善的立法制度，为自然遗产的保护提供了有力的支撑。1936 年颁布的《自然景观保护法》（第 1497 号令）是意大利历史上一部具有奠基性质的自然景观保护法。该法主要包括以下几个方面的内容：首先，对保护对象进行了规定，包括具有明显的自然美特点或地质学特色的不动物；共同形成美学价值和传统价值的不动物复合体；在《保护艺术品及历史文物法》中未列举但因与众不同的景色而著称的别墅、花园和公园等。其次，对自然遗产的登记制度进行了规定，要求各省专门组建一个委员会负责对符合以上条件的自然遗产进行登记造册。再次，对自然遗产附近及内部的开路、采矿或其他建设行为的审批程序进行了规定。最后，确立了严格的法律责任制度，破坏自然遗产者除了接受刑法典规定的制裁外，还须自费拆除违章建筑，或缴纳补偿金后由政府拆除。❷

（二）启示

意大利在自然遗产保护方面一直走在世界前列，许多国际

---

❶ 贾丽奇，杨锐.澳大利亚世界自然遗产管理框架研究[J].中国园林，2013（9）：23.

❷ 顾军，苑利.文化遗产报告[M].北京：社会科学文献出版社，2005：31.

公约的制定都是以意大利的自然遗产保护理念为依据的。例如，《威尼斯宪章》当中提出的自然遗产与文化遗产保护与修复过程中所应当遵循的原真性与完整性原则等，实际上是来源于19世纪末20世纪初兴起的意大利学派。《威尼斯宪章》对于遗产保护中国际主义的思想有着明确的阐述："人们越来越意识到人类价值的统一性，并把古代遗迹看作共同的遗产，认识到为后代保护这些古迹的共同责任。"❶ 因此，意大利的自然遗产保护立法，有许多经验值得我们学习和借鉴。首先，科学有效的管理体制。意大利对自然遗产的科学管理得益于体制的创新。意大利政府为了加强对自然遗产的专门管理，创建了文化及自然遗产委员会，明确了自然遗产的管理体制。按照《文化及自然遗产部的组织机构》第4条的规定，该委员的主席由文化及自然遗产部部长担任。而组成人员更是多种多样，包括农业部、林业部、外交部、教育部、公共工程部的代表及地方代表，还包括从事考古学、艺术学、历史学研究的大学教授。这样就组建了一个多元化的管理主体，有利于综合考虑多方面的因素，实现相互之间的合作与分工。其次，严格的法律制度。意大利自然遗产保护严格立法，不仅仅体现在法律责任方面，还体现在国家对自然遗产的所有权方面。意大利的自然遗产立法明确规定了国家对自然遗产的绝对所有权，以及国家对于考古活动的绝对垄断权，使自然遗产处于国家的绝对控制之下。再次，完善的自然遗产保护教育体系。与其他国家不同的是，意大利设立了许多专门的自然遗产与文化遗产的教育和研究机构，如罗马修复中心、佛罗伦萨文物保护研究所等国家级教育培训基地。这些学院的学制一般为三年。入学时要

❶ 李光涵. 从国际主义到全球化——试论《威尼斯宪章》和"世界遗产"概念的衍变[J]. 中国文物科学研究，2014（2）：37.

经过严格的考试，录取后学习的内容包括古代史、艺术史、自然科学、修复技术、化学、物理等。自然与文化遗产教育体制的完善，为意大利的自然遗产保护事业奠定了坚实的基础。最后，资金支持充裕。2004 年意大利政府用于自然遗产与文化遗产保护方面的经费约占国民生产总值的 0.4%，并力争在几年内达到 1%。此外，从 1997 年起，意大利政府专设了文物彩票，政府从发行的彩票收入中按一定比例每年增拨约 1.5 亿欧元的资金用于自然遗产和文化遗产保护。❶

五、韩国

（一）立法概况

韩国对于自然遗产的保护始于 20 世纪初，目前为止韩国已经建立了一整套完备的法律体系。韩国于 1967 年颁布了最初的公园法，2003 年最新修订了《自然公园法》。以《自然公园法》为基石，辅以《国土基本法》等相关法律，形成了韩国自然遗产保护的法律体系。其中最具特色的是韩国关于国家公园的立法。与其他国家不同的是，韩国颁布了国家公园管理的法令集，全集分为 10 章，共 61 条。该法令集对于国家公园的审批登记、公园管理机构的组建与职责、公园的管理和维护、公园的经费来源和收益分配等都作出了详尽的规定。特别是法令集的第 8 章，还专门对国家公园法令集与其他自然遗产保护立法的关系给予了详细的说明，避免了不同法律在实践中的冲突。除了国家公园法令集外，韩国还颁布了专门的《古迹及遗物保存规则》《韩国文化财

---

❶顾军，苑利. 文化遗产报告[M]. 北京：社会科学文献出版社，2005：34–35.

保护法》等与自然遗产保护相关的法律文件。这些法律文件共同构成了韩国的自然遗产保护立法体系。

（二）启示

韩国自然遗产的科学管理源于其完善的法律制度，其中有很多地方值得我们学习和借鉴。首先，严格的管理体系。在韩国，自然遗产与文化遗产的最高责任人是国家总统，而自然遗产保护工作的主管机构是文化观光厅下属的文化财厅，可见韩国自然遗产的管理机构具有很高的级别。韩国国家公园管理公团是国家公园管理的主体，依据《自然公园法》第 44 条的规定设立。此外，韩国自然遗产管理机构的议事程序有着严格的法律规定，甚至对普通的工作人员也有相当严格的要求。这种统一化的管理体制使管理主体明确、责权明晰，国家公园管理公团在法律规定的范围内对每个国家公园行使管理权，在管理决策方面基本不受地方政府和其他部门及经营企业的干预。❶ 其次，严格的奖惩制度。与其他国家相似，韩国的自然遗产保护法律制度中也设有严格的法律责任制度，而且大多数责任形式为刑事责任，这在极大程度上起到了预防的作用。与其他国家不同的是，韩国自然遗产保护法中建立了奖励机制，对于那些在自然遗产保护中作出表率作用的人员将给予一定额度的奖励，这在很大的程度上鼓励人们去保护自然遗产。最后，强调立法的可操作性。这体现在韩国对于自然遗产的申报要求中，立法对于申报的程序、需要提交的材料、申报材料的填写、申报的注意事项等作出了详细而又具体的规定，极具可操作性。

---

❶ 闫颜，徐基良. 韩国国家公园管理经验对我国自然保护区的启示[J]. 北京林业大学学报（社会科学版），2017（3）：25.

第二节　自然遗产保护国家立法的缺陷*

　　尽管世界各国都有自己的自然遗产保护立法，然而随着时代的发展、环境保护意识的转变，这些立法在某些方面已显得滞后，甚至无法满足实践的需要。立法主体的多元化导致了不同的立法之间相互矛盾；中央和地方立法权的冲突，导致了中央政府和地方政府对自然资源展开了争夺；综合的立法模式与分别的立法模式孰优孰劣也一直困扰着各国的立法者；而保护内容的不全面和法律责任约束力不强更是弱化了自然遗产保护立法的作用。自然遗产保护的国家立法是《世界遗产公约》等国际条约在成员国国内的转化和运用，一国的自然遗产保护立法水平是衡量该国自然遗产保护水平的关键，对于自然遗产保护具有重要意义。然而，目前各国在自然遗产保护立法方面表现出的诸多不足弱化了自然遗产保护法的作用，亟待完善。

一、立法主体的多元化

　　无论是在联邦制国家，还是单一制国家，联邦政府和中央政府，以及州政府和地方政府都享有立法权。而即使在同一层面上，由于自然遗产表现形式多样，不同类型的自然资源又归属不同的部门进行管理，而不同的主体在管理过程中侧重分门别类，因此在颁布各自关于保护自然遗产的法律时，侧重保护的利益也各不

---

　　* 本节主要内容已发表。见马明飞. 我国自然遗产保护立法的困境与出路[J]. 法律科学，2011（4）.

相同。由于自然遗产覆盖面积往往巨大，涉及几个州或几个省，当然也可能涉及几个国家。当在一国境内涉及多个地方时，不同的地方政府出于不同的考虑，在各自的立法上也会存在冲突。这些情况，归根到底是由自然遗产保护中立法主体的多元化导致的。

首先，就一个国家内部而言，由于中央政府和地方政府都享有立法权，不同的自然资源管理部门也同样享有立法权，这种多元化的立法主体使自然遗产的立法缺乏系统化。不同的立法之间相互重叠、相互冲突，甚至还会造成立法空白，经常会出现对一处自然遗产，中央政府和地方政府、不同的管理部门争先立法的局面。多元化的立法局面，非但不能有效保护自然遗产，反而会造成不同主体之间相互争执、相互推卸的局面。以美国为例，1916 年美国颁布了《国家公园管理组织法》，以此作为国家公园管理的基本大法。在该法的授权下，各个国家公园都有权制定自己的管理法。一方面，美国国家公园的数量庞大；另一方面，随着国家公园体系的不断扩大，国家公园的种类日趋多样化。由最初的国家公园和国家纪念地两类，发展到国家军事公园、国家休闲地等。而这些国家公园、国家纪念地都有各自的立法权。其中，有许多立法都与《国家公园管理组织法》的基本精神相抵触。❶ 同时，在联邦层面，美国管理自然资源的部门并不仅仅局限于国家公园管理局，还包括土地管理局、国家海洋和空气管理局、国家森林管理局、国家鱼类和野生动物管理局、美国国防部等。❷ 此外，在美国除了由国家公园管理局直接负责管理的自然

❶ 杨锐. 美国国家公园的立法和执法[J]. 中国园林，2003（4）：63.

❷ SHERRY HUFF. Cultural Property Law, Practitioner's Guide to the Management, Protection, and Preservation of Heritage Resources[J]. American Bar Association, 2004（1）：31.

遗产外，还存在着由各州政府所有和管理，由印第安部落、阿拉斯加原住民、夏威夷原住民所有和管理及联邦政府其他部门所有或者管理的自然遗产，他们都享有一定的保护自然遗产的立法权。立法主体的多元化，使立法主体之间缺少合作和协调，虽然立法的内容分门别类，但缺少相互之间的协调与合作，大大浪费了立法资源。

其次，就同一处自然遗产而言，由于同时存在多个立法主体对其进行管理，而这些立法主体由于职责的不同，所追求的利益和工作的着眼点也不尽相同，这就导致相互之间存在一定的矛盾和冲突。例如，在美国大峡谷和葛兰峡水坝的管理过程中，大峡谷国家公园负责人鲍勃·钱德勒（Bob Chandler）认为，保护大峡谷的自然资源是第一位的，而发电和蓄水则是第二位的。葛兰峡水电站已经严重威胁了大峡谷的生态环境，因此应当予以拆除。❶ 而作为葛兰峡水电站的管理者，土地开发局新闻发言人巴里·沃思（Barry Wirth）则认为，从开发局的立场上，必须综合考虑能源的利用、生态的损失、野生动物的栖息地，但显然能源的利用更为重要。❷ 由于两者在职责上的不同，出发点也背道而驰，从而导致了双方在立法上相互冲突。由于无法达成一致，大峡谷的生态保护问题一直无法得到有效解决。同样的情况还存在于加拿大"野牛跳"遗址。根据加拿大阿尔伯塔省的授权，"野牛跳"遗址的公园管理处和文化资源管理处共同对遗址进行保护。由于两者的职责不同，因此保护的重心也不同。公园管理处

---

❶ Clayon L Riddle. Protecting the Grand Canyon National Park From Glen Canyon Dam: Environment Law at Its Worst[J]. Marquette Law Review, 1993（77）: 122.

❷ 同❶123.

颁布的法案中强调对"野牛跳"遗址的绝对保护，禁止开发利用等可能破坏遗址的任何活动。而文化资源管理处的管理法则鼓励人们对"野牛跳"遗址进行科学研究、开发旅游资源，从而使人们能够更多地了解该遗址的科学价值和人文价值。❶

最后，就同一处自然遗产而言，它可能位于一国多个地方行政区域的交界处，这就可能有多个地方政府对其享有立法权。由于每个地方政府保护自然遗产的政策各不相同，因此在保护自然遗产的立法中，无论是保护的力度、保护的措施、惩罚机制等都存在差异，由此造成立法的相互冲突。例如，苏门答腊岛山地和低地森林属于世界丛林保护区，其面积巨大并且分布在印度尼西亚的不同省份。由于不同省份之间社会和经济发展水平不同，因此对保护区的支持程度和承诺程度也不尽相同，这就使这些省份的保护法案也存在差异。❷ 再以美国大雾山国家公园为例，该公园位于美国北卡罗来纳州、南卡罗来纳州和田纳西州的交界处，由于各州的政策不同，因此对于各自所辖区域的管理规定也有所区别。这一局面对于大雾山国家公园的管理来说，虽然三个州都存在各自的管理立法，但由于相互之间缺少合作，使得大雾山国家公园的管理并没有达到预想的目的。当一处自然遗产位于多个地方行政区域时，还会造成相互争夺资源的局面，因为自然遗产除了具备巨大的生态价值外，还同时具备巨大的经济价值。各个地方政府出于利益的考虑，经常争先恐后地对这些跨区域的自然遗产进行争夺，这一局面严重影响了自然遗产的保护。

---

❶ 郑易生，郑玉歆. 自然文化遗产管理——中外理论与实践[M]. 北京：社会科学文献出版社，2003：275-284.

❷ 同❶268-270.

二、中央与地方立法的冲突

目前，世界上国家的结构形式主要表现为联邦制和单一制。无论何者，在中央与地方的法律方面，都存在或多或少的冲突和矛盾，而这些冲突和矛盾又集中表现在立法权方面，因为只有立法权才是对各自权力的根本保障。这一矛盾和冲突在自然遗产的保护方面表现得尤为突出。

自然遗产除了具有珍贵的生态价值外，还具有宝贵的经济价值。目前，世界各国对自然遗产的所有权，往往采取国家所有和私人所有相结合的方式。即使规定国家所有的自然遗产，其用益物权也大都是由自然遗产所在的地方来执行的。例如，属于不动产的国有土地、河流、海域等一般为地方使用，属于动产的矿藏等资源多为中央直接控制，其勘探、开采等须由中央决定，但在具体执行方面，多由地方来操作。中央与地方在保护自然遗产方面立法权的冲突，可以归结为以下原因：一是利益冲突。法律冲突的背后实际上是利益的冲突。中央政府是公共利益的代表者，在保护自然遗产方面，其所考虑的是该国人民的共同利益，而非某些人或团体的利益。而地方政府则关注的是地方的经济利益，当国家的公共利益与地方利益相冲突时，地方政府往往从自身利益出发，要求从中央政府分得权力。二是立法权与行政权主体重合。自然遗产的立法权与行政管理权都集中由政府行使，形成了中央政府既代表国家行使经济行政权，又代表国家行使国有自然资源物权的双重权力主体格局。❶立法权与行政权的统一，使中央政府与地方政府在行使政权时无法实现真正的中立，使政府既

❶ 单飞跃.论行政权限结构与国家所有权[J].法学评论，1998（6）：56.

是裁判员又是运动员。中央与地方立法权限的冲突，已经成为影响自然遗产保护的重要因素。

在实践中，各国因中央与地方立法权限的冲突导致双方相互争夺自然遗产的局面屡见不鲜。以澳大利亚塔斯马尼亚大坝案为例。❶澳大利亚是一个联邦制国家，联邦政府和省政府都享有立法权。1978 年，塔斯马尼亚省政府为了发电需要，通过法案在戈登河建立了一座水电站。水电站建成后，对下游的富兰克林河的生态环境带来了严重的破坏。1982 年，澳大利亚联邦政府认为塔斯马尼亚大坝的建设违反了 1975 年《国家公园和野生动植物保护法案》，于是要求省政府拆除大坝。塔斯马尼亚省政府认为澳大利亚联邦政府颁布的 1975 年《国家公园和野生动植物保护法案》超越了宪法赋予其的立法权，于是向澳大利亚高级法院起诉，要求撤销该法案。根据澳大利亚宪法的规定，联邦议会有权制定与对外事务相关的法规，塔斯马尼亚省政府认为，对自然资源的保护属于内部事务，应由省政府来管辖，联邦政府没有立法权。而高级法院却驳回了塔斯马尼亚省政府的主张，法院认为，由于澳大利亚政府是《世界遗产公约》的缔约国，承担了公约所规定的保护自然遗产的国际义务 ❷，因此，对自然遗产保护属于澳大利亚政府对外事务在国内的履行，澳大利亚联邦政府享有立法权。再以澳大利亚理查森诉林业委员会（Richardson v. The Forestry

---

❶ 参见 The Commonwealth of Australia v. Tasmania, the Tasmania Dam Case, [1983] HCA 21; 158 CLR 1.

❷ MATTHEW PEEK, SUSAN REYE. Judicial Interpretations of the World Heritage Convention in the Australian Courts, Art and Cultural Heritage Law, Policy, and Practice[M]. New York: Cambridge University Press, 2006: 206.

Commission）案❶为例。位于塔斯马尼亚省的西部野生动植物国家公园有丰富的林木资源，塔斯马尼亚省政府制定的公园管理法允许在该公园建立采伐工厂，进行林木开采活动。然而，澳大利亚联邦政府在 1987 年颁布了《南部地区森林和柠檬保护法案》，该法案将澳大利亚南部地区一些具有重要生态价值的森林纳入保护系统当中，禁止在这些地区进行砍伐和开采的经济活动，而塔斯马尼亚省的西部野生动植物国家公园也列于该法案当中。于是塔斯马尼亚省已建立的这些采伐工厂将面临被取缔的局面。塔斯马尼亚省政府再次向澳大利亚高级法院提起诉讼，认为联邦政府制定的《南部地区森林和柠檬保护法案》超越了其立法权。而与塔斯马尼亚大坝案相似，高级法院驳回了塔斯马尼亚省政府的主张，认为《世界遗产公约》规定了缔约国有权对其领土范围内的某些自然遗产采取必要的保护措施。因此，联邦政府的立法行为，实际上是公约所赋予的缔约国的权利和义务在国内法中的体现。❷

　　上述案例仅是其中的代表。近年来，在自然遗产的开发和保护方面，一些地方政府和企业似乎成为利益共同体，向中央政府发起挑战。除了地方立法与中央立法相冲突外，有的地方还采取上有政策、下有对策的做法，钻中央立法的空子，这些现象无疑不利于自然遗产的保护和可持续发展。特别是一些地方企业给自然环境带来了严重的污染，而这些企业又常常是地方政府税收的主要来源。地方政府苦于资金匮乏、治理成本过高等因素，对企业造成的环境污染问题解决力度不够，甚至通过颁布法律和政策来变相地保护这些污染严重的企业。因此，在自然遗产保护的

---

　　❶ 参见 Richardson v. The Forestry Commission，［1988］HCA 10；164 CLR 261.

　　❷ 同❶207.

立法中，首先要加强中央政府立法的权威性，由其对地方政府的立法进行监督。其次，要给地方政府一定立法权，使其能够结合地方的特点来制定有地方特色的自然遗产保护法案，调动地方政府保护自然遗产的积极性和主动性。最后，应建立一套纠纷解决机制，当中央政府与地方政府的立法相冲突时，有效地来化解矛盾，保护自然遗产。

三、立法模式的困境

国外自然遗产的立法模式包括综合立法模式和分别立法模式。所谓综合立法模式，就是将自然遗产保护与文化遗产保护统一规定于一部法律之中。所谓分别立法模式，就是通过不同的单独立法来保护自然遗产和文化遗产。日本、德国等国家制定了关于自然保护的综合性法律，如日本的《自然环境保护法》、德国的《自然和景观保护法》，国家公园管理内容都包含在综合性法律中，其立法层次高，法律体系比较完善。❶ 采用分别立法模式的国家如美国、英国等。美国国家公园的转型立法有《国家公园管理局组织法》和《国家公园管理局一般授权法》，具体公园立法有《黄石国家公园法》等。

（一）综合的立法模式

日本和韩国均采取综合的立法模式来保护文化遗产和自然遗产。1950年，日本的《文化财保护法》规定了文化遗产的内涵是具有历史艺术、科学、景观价值的有形文化财、无形文化财、民

---

❶ 李闽. 国外自然资源管理体制对比分析——以国家公园管理体制为例[J]. 国土资源情报，2017（2）：7-8.

俗文化财、纪念物、传统建筑物群。❶有形文化财即文化遗产，而无形文化财和民俗文化财指的是非物质文化遗产，纪念物和传统建筑物群则既包括文化遗产，也包括自然遗产。❷1996 年，日本修改了《文化财保护法》，最引人注目的变化是引入了欧美的"文化财登录制度"。登录的对象包括住宅、工厂、办公楼、桥梁、隧道、水闸、大坝等建筑物，保护的范围也由原来的单体、分散保护扩展到自然与人文环境的整体保护。

韩国在 1962 年制定的《韩国文化财保护法》第 1 条当中规定了文化财的概念，指"由于人为地、自然地而形成的国家的、民族的、世界的遗产，它们具有较高的历史、艺术、学术、景观价值"。随后，在第 2 条当中规定了文化财的范围包括有形文化财，无形文化财，纪念物（包括在韩国艺术或观赏方面具有较高价值的名胜地、在韩国历史或学术及景观方面具有较高价值的动物和植物及其生长的特殊的自然环境），民俗资料。❸

日本和韩国在自然遗产保护立法方面均采用了综合立法的方式，将自然遗产与文化遗产规定于同一部法律当中，形成对自然遗产与文化遗产的整体性、系统性保护。

（二）分别的立法模式

与综合立法模式不同，分别立法模式将自然遗产与文化遗产区分开来，分别制定各自的法律来保护自然与文化遗产。例如，意大利在 1939 年分别制定了《关于保护艺术品和历史文化财产

---

❶ 朱祥贵.文化遗产保护法研究[M].北京：法律出版社，2007：17.

❷ 王军.日本的文化财保护[M].北京：文物出版社，1997：189.

❸ 复旦大学文物与博物馆学系.文化遗产研究集刊[M].上海：上海古籍出版社，2001：436–437.

的法律》和《关于保护自然景观的法律》。《关于保护艺术品和历史文化财产的法律》规定了其调整范围包括涉及古生物、史前史和原始文明的物品，具有古钱币学价值的物品，具有珍奇特点的手稿、手迹、通信、重要文件、古书典籍、印刷品和铭记❶，可见该法保护的对象是文化遗产。而同年颁布的《关于保护自然景观的法律》第 1 条明确规定了该法的调整对象为：具有明显的自然美特点或地质学特色的不动物；在《关于保护艺术品和历史文化财产的法律》中未列举的但因与众不同的美色而著称的别墅、花园和公园；共同形成美学价值和传统价值的不动物复合体；被视为自然图画的美景及供公众观赏美景的眺望点或眺望台。❷ 可见该法保护的是自然遗产。

除了意大利之外，埃及、突尼斯等国均采取分别立法模式，通过自然遗产保护的专门立法来保护自然遗产。

自然遗产保护的立法与文化遗产保护的立法存在很多明显的区别。首先，立法理念不同。自然遗产的立法理念强调的是生态价值，而文化遗产的立法理念强调的是人文价值。其次，保护方法不同。由于文化遗产多表现为艺术品、古籍等，它们的保护更强调物理和化学的方法。而自然遗产表现为山川、湖泊等自然风貌，它们的保护更强调生态和环境的保护方法。最后，保护对象不同。虽然自然遗产与文化遗产同属于世界遗产，但两者在表现形式上的区别是显而易见的。

综合立法模式与分别立法模式孰优孰劣一直是理论界讨论的热点。综合保护方式可以更好地贯彻一国保护自然遗产和文化遗

---

❶ 国家文物局法制处. 国际保护文化遗产法律文件选编[M]. 北京：紫禁城出版社，1993：15-16.

❷ 同❶36.

产的理念，可以节约立法资源，实现对自然遗产和文化遗产的宏观性和全局性规定。而分别立法模式更具有针对性，毕竟自然遗产与文化遗产保护的侧重点不同。同时，分别立法模式也更具有可操作性，便于不同保护方法和政策的制定和体现。然而，随着实践的发展及人们对自然遗产和文化遗产认识的改变，各国的自然遗产保护立法出现了整合化的趋势。❶无论是国家立法，还是针对某一处自然遗产的单独立法，各国开始越来越多地采用综合化的立法保护模式对该国或该地区的自然遗产与文化遗产进行综合保护。这一立法模式的转变经实践证明是成功的，其更好地动员了各方面的力量，实现了对自然遗产与文化遗产的综合保护。

四、保护内容不全面

《世界遗产公约》第2部分专门规定了自然遗产和文化遗产的国家保护，并且在第5条明确了保护方式：一是通过一项旨在使得文化和自然遗产在社会中起一定作用并把遗产保护工作纳入全面规划计划的总政策；二是如本国内尚未建立文化和自然遗产的保护、保存和展出的机构，则建立一个或几个此类机构，配备适当的工作人员和为履行其职能所需要的手段；三是发展科学和技术研究，并制定出能够抵抗威胁本国文化和自然遗产的危险的实际方法；四是采取为确定、保护、保存、展出和恢复这类遗产所需的适当的法律、科学、技术、行政和财政措施；五是促进建立或发展有关保护、保存和展出文化和自然遗产的国家和地区培训中心，并鼓励这方面的科学研究。从上述保护内容来看，《世

❶ CINNAMON CARLARNE. Putting the "And" Back in the Culture-Nature Debate：Integrated Cultural and Natural Heritage Protection[J]. UCLA Journal of Environmental Law & Policy，2007（25）：3-5.

界遗产公约》以各个缔约国自觉遵守为前提，且保护方法规定较为笼统，所以对于各国来说只是一个指导性的条约，具体的实施工作仍要由各国细化规定。

然而，由于各国经济发展水平不同、保护自然遗产的观念和重视程度不同，在贯彻《世界遗产公约》并制定本国立法时，往往只侧重于某一类型自然遗产的保护，或自然遗产保护的某一方面。这种现象突出表现在各国制定保护自然遗产的立法方面。

从宏观层面看，由于自然遗产表现形式多种多样，如山川峡谷、沼泽湿地、森林湖泊、地质遗迹、动植物物种、古生物化石等都可能是宝贵的自然遗产，且自然遗产既可能位于公有土地之上，也可能位于私有土地之上，其复杂的表现形式或产权模式给各国的立法带来了难度。再加上各国保护策略的不同，各国的自然遗产立法可能只偏重于自然遗产保护的某一方面。立法保护内容的不全面使大量自然遗产处于立法的真空地带，下面以瑞典为例进行说明。瑞典的自然遗产保护立法只规定了属于联邦所有权土地上的自然遗产，对于那些位于私人所有的土地上的自然遗产则没有立法予以规范。瑞典政府认为，位于私人土地上的自然遗产属于私人所有财产，国家无权干涉。❶这就使那些位于私有土地上的自然遗产处于立法的真空地带。巴西在1970年颁布了第一部环境保护立法，随后联邦政府和圣保罗州政府都成立了环境保护管理机构，各个州也根据国家环境法的授权颁布了各自的环

---

❶ HÖKERBERG HAKAN. Laws in Sweden Protecting Its Cultural Property[M]// PHELAN MARILYN E. The Law of Cultural Property and Natural Heritage: Protection, Transfer and Access. Evanston: Kalos Kapp Press, 1998: 410.

境保护法规。❶ 这些法律构成了巴西环境保护的法律框架。然而，其立法存在先天不足，即在保护内容上仅局限于空气污染、水污染及废弃物污染的防治，对于人口增长、土地使用和矿产开发等日益突出的破坏行为缺少规制，从而使这些环境立法在日后实践中发挥的作用极其有限。❷

从微观层面上看，对于一处自然遗产保护的立法涉及的问题众多。以湿地保护为例，涉及监督管理、湿地的生态保护、湿地的污染防治、法律责任等，而就湿地的生态保护一项又涉及湿地的恢复、湿地的创造、湿地的改良、湿地的转换和湿地的弥补等内容。可见，对自然遗产保护的立法是一项极其复杂而又系统的工程。由于各国科技发展水平不同，实践中需要解决的问题各异，因此各国在立法过程中难免会挂一漏万，忽视了某些问题。例如，在土耳其 1983 年的《狩猎法》中，只是对执照的取得、狩猎时节和范围等加以规定，但对狩猎工具的使用、狩猎后的维护等重要问题却没有加以规定。❸ 再如，韩国政府颁布的《古迹及遗物保存规则》在适用范围上仅局限于古迹和文物，而对于同

❶ JANELLE E KELLMAN. The Brazilian Legal Tradition and Environmental Protection：Friend or Foe[J]. Hastings International and Comparative Law Review，2002（2）：13-15.

❷ LILA KATZ DE BARRERA-HERNANDEZ，ALASTAIR R LUCA. Environmental Law in Latin America and the Caribbean：Overview and Assessment[J]. Georgetown International Environmental Law Review，2000（12）：12.

❸ SIBEL ÖZEL，AYHAN KARADAYI. Laws Regarding the Protection of the Cultural Heritage of Turkey[M]// PHELAN MARILYN E. The Law of Cultural Property and Natural Heritage：Protection，Transfer and Access. Evanston：Kalos Kapp Press，1998：278-282.

样属于古迹和遗物的历史名胜和天然纪念物却没有纳入其中。❶
同样的情况还存在于新西兰关于毛利人自然与文化遗产保护的立法当中，其针对毛利人的文化遗产和非物质文化遗产的保护进行了全面的规定，但是却忽略了一个重要的方面，即毛利人生存的环境。毛利人生存的环境作为一项宝贵的自然景观，同样内含丰富的生态价值、人文价值、历史价值和审美价值，而立法对这一重要的自然景观却未加任何规定，这也导致了该立法在实践过程中争议不断。❷

立法内容的不全面，导致某些情况下无法可依，这对自然遗产保护显然是极其不利的。但是我们也应该看到，自然遗产保护立法确实是一项复杂的系统工程，除了立法上的问题外，还涉及极强的专业性和技术性问题。这就对立法者提出了严峻的挑战，由于立法者大多数是一些法律工作者，他们在法律方面的专业知识毋庸置疑。然而这些立法者是否具备专业的生态知识和环境保护知识却深受质疑。针对各国在自然遗产保护立法中存在的宏观和微观层面的不足，一方面，各国应该制定类似于《自然遗产保护法》的宏观性、纲领性的法律文件作为自然遗产保护立法的统领，对于自然遗产保护的原则、基本制度等问题作出规定，这样在无法可依时可以据此来加以规制；另一方面，在具体的立法工作中，除了法律工作者外，应当聘请一定数量的环境保护专

❶ 顾军，苑利. 文化遗产报告[M]. 北京：社会科学文献出版社，2005：120.

❷ ROBERT K PATERSON. New Zealand Cultural Heritage Law：An Overview[M]// PHELAN MARILYN E. The Law of Cultural Property and Natural Heritage：Protection，Transfer and Access. Evanston：Kalos Kapp Press，1998：109–114.

家或环保组织加入到立法工作中来，由他们对立法的专业性和技术性问题进行解答。这样可以避免立法过程中忽略某些方面，以此实现对自然遗产的全面保护。同时，应当加快对现有立法的更新速度，对于一些旧的、落后于实践需要的立法应加以补充和修正。

五、法律责任约束力较弱

纵观各国关于自然遗产保护的立法，在法律责任方面，多以行政处罚为主，并且行政处罚中又以罚金为主要的处罚手段。对破坏自然遗产的单位或个人处以罚金虽然可以在一定程度上对其进行经济制裁，使其为自己的违法行为付出代价，但是罚金显然缺少有效的打击力度，不能有效震慑破坏自然遗产和文化遗产的不法者。特别是对于资产雄厚的企业来说，低额的罚金几乎没有威慑力。"企业可以借交纳罚金犹如交纳排污费那样轻松而长期放任危害环境后果的发生。"❶ 在所有的法律手段中，刑事制裁无疑是最有威慑力的。只有把现实中严重破坏自然遗产的行为规定为犯罪，并给予刑事处罚，才能弥补行政处罚手段力度不够的缺陷，才能遏制严重破坏自然遗产的犯罪行为。同时，通过惩罚犯罪人，对潜在犯罪人产生威慑和教育作用，最终达到保护自然遗产的目的。有学者曾一针见血地指出，"环境犯罪不单纯是违反秩序，而是与伤害、偷盗、欺诈行为同样可以非难"❷。

目前，已经有国家开始在其自然遗产保护的相关立法中设定刑事责任。

---

❶ 付立忠.环境刑法学[M].北京：中国方正出版社，2001：235.
❷ 同❶53.

（一）德国

德国在 1994 年《刑法典》第 29 章第 329 条第 3 款规定："违反保护自然保护区而颁布的法规或可执行的禁令，在自然保护区或国立自然保护区，或作为自然保护区临时加以保护的地区为下列行为之一，因而严重影响了该地区的成分的，处 5 年以下自由刑或罚金。"❶ 第 330 条还规定："持久损坏濒临灭绝的动物或植物的行为属于情节特别严重者，应从重惩处。"❷

（二）美国

美国 1973 年颁布了《濒危物种法》，该法的主要目的是保护濒临灭绝的物种及其生存的生态环境，规制濒临灭绝物种的交易行为，惩罚破坏相关犯罪活动。《濒危物种法》规定："对故意违反法律规定的一般性禁则者处以每次 2.5 万美元以下罚款，对故意违反依据该法颁布的其他条例者处以 1.2 万美元以下的行政罚款。并视情节轻重分别规定了 5 万美元以下的罚金或年以上的监禁或二者并罚的刑事制裁。"❸ 此外该法还对各州在保护和利用濒临灭绝物种方面的权限、国内与国际合作、法律执行及法律责任等许多方面都作了具体而详细的规定。

（三）俄罗斯

俄罗斯在 1996 年《刑法典》第 9 编第 26 章中专门对破坏生

❶ 徐久生，庄敬华. 德国刑法典[M]. 北京：中国法制出版社，2000：223.

❷ 同❶224.

❸ 蓝楠. 美国《濒危物种法》[J]. 世界环境，2006（6）：36.

态系统的生态犯罪行为进行了独立的规定。该章共有 17 个条文，24 个罪名，大多是针对森林、特殊的自然区域、动物、植物、生物栖息地等自然资源和生态区域的犯罪，目的是保护自然资源和生物多样性。该法在第 256 条确立了"非法狩猎罪""违反受特殊保护的自然区域和自然客体的制度罪""毁灭列入《俄罗斯联邦红皮书》的生物的关键性栖息地罪""毁灭或损坏森林罪"等罪名。值得注意的是，《俄罗斯刑法典》对有关稀有动物和濒危动物的重要栖息地的犯罪设专条进行了规定，如第 259 条规定："毁灭列入《俄罗斯联邦红皮书》的生物的关键性栖息地，导致这些生物种群灭绝的，处 3 年以下的限制自由或相同期限的剥夺自由。"❶

（四）奥地利

奥地利《刑法》在第 182 条专门规定了"其他故意危及动物或植物生存"的犯罪。其中第 1 款规定："故意实施下列行为之一的，处 2 年以下自由刑或 360 单位以下日额金的罚金刑：①行为造成在动物中传播瘟疫的危险；②行为造成传播危及家畜或植物生存的危险的病原体或害虫。"第 2 款规定："违反法律规定或当局的委托，以第 180 条所述方式以外的方式，造成危及大范围的动物或植物的生存的，处与前款相同之刑罚。"以第 180 条所述方式以外的方式指的是环境污染以外的方式。第 183 条则规定了过失危及动物或植物生存的犯罪："过失为第 182 条规定之应受刑罚处罚的行为的，处 6 个月以下自由刑或 360 单位以下日额金的罚金刑。"❷

---

❶ 黄道秀.俄罗斯联邦刑法典[M].北京：中国法制出版社，2004：26.
❷ 胡弛.奥地利联邦共和国刑法典[M].北京：中国方正出版社，2004：74.

这些国家通过把危害自然遗产的行为规定为犯罪，并依法追究刑事责任，表明了其刑法的价值取向，从而引导人们保护自然遗产，提高人们保护自然遗产的意识。刑事责任的确定，可以和行政处罚形成一个有机的责任体系，可以根据破坏自然遗产行为人的情节和性质来决定给予行为人行政处罚还是刑事处罚。对于那些破坏自然遗产行为情节不严重或情节轻微或损害后果较小的单位或个人，可以通过罚款、没收、吊销有关证件等方式进行行政处罚。而对于那些性质恶劣或情节严重或损害后果较大的破坏行为，则应当进行刑事制裁。

破坏自然遗产的犯罪行为一般不会直接表现出对刑法中所保护的人身权、财产权和社会经济秩序产生直接危害，具有一定的潜在性和隐蔽性。然而与侵害人身权、财产权和社会经济秩序行为相比，其危害性却有过之而无不及。破坏自然遗产的犯罪行为，侵犯的是全人类的共同利益，有些损害结果一旦发生，不但无法消除，甚至会造成自然遗产的永久性消失。因此，在立法中规定破坏自然遗产行为的刑事责任，可以加强威慑力，使人们自觉地保护自然遗产。

第三节　欧美国家自然遗产立法的整合化趋势*

无论是在发达国家还是在发展中国家，均无一例外地采用立法的方式来保护自然遗产和文化遗产。许多国家的自然遗产保护

* 本节主要内容已发表。见马明飞.晚近欧美国家自然遗产立法的整合化趋势[J].社会科学辑刊，2013（2）.

法与文化遗产保护法是相互独立的，如意大利有保护文化遗产的《艺术及历史文化遗产保护法》，有保护自然遗产的《自然景观保护法》，类似的情况还存在于法国、英国、挪威等国家。然而，近年来，这一情况正在发生着改变。随着学者、管理者和活动家开始逐渐关注自然遗产与文化遗产之间的密切联系，他们开始寻求一种新的框架来综合保护自然遗产与文化遗产，整合化的趋势开始出现，即强调自然遗产与文化遗产的综合保护。

一、整合化的原因

文化遗产和自然遗产的二元分离是自《世界遗产公约》颁布以来一直被众多学者诟病的问题。之所以会出现整合化的立法趋势，一方面是由于传统的专门针对自然遗产立法或文化遗产立法的方式难以满足实践中的需要；另一方面是由于人们开始关注文化遗产与自然遗产之间的密切关系。自然遗产本质上是一种自然环境，文化遗产是一种反映社会信息的社会环境。在合理的开发利用条件下，二者能参与到经济价值的创造过程中并能产生相应的经济价值。❶

（一）传统立法方式的不足

传统的专门性立法，或是专门针对文化遗产，或是专门针对自然遗产。这种立法的优势表现在：首先，具有针对性。自然遗产与文化遗产虽然同属于世界遗产，但两者在保护过程中侧重的问题却各不相同。自然遗产保护强调的是生态平衡，关注人与自然的和谐相处，而文化遗产则强调它的所有权，以及传承和发

---

❶ 吕晓斌，成金华.自然文化遗产资源的产权属性辨析[J].特区经济，2013（3）：169.

展。其次，立法难度较轻。专门立法方式不会涉及自然遗产与文化遗产保护上的交叉，只需要对各自所面临的问题加以规定，对于立法者来说，相对容易。最后，具有可操作性。自然遗产保护方法与文化遗产保护方法有所不同，自然遗产多表现为山川、河流、峡谷等，对它们的保护更侧重环境技术，而有形文化遗产多表现为建筑等，对它们的保护更侧重物理和化学的方法。分别立法有利于保护措施的制定和执行。

然而，随着实践的不断发展，这种"头痛医头、脚痛治脚"的立法方式，已经越来越无法满足现实的需要。首先，立法数量庞杂。许多自然遗产与文化遗产并不是孤立存在的，而是你中有我，我中有你的。在这种情况下，就可能存在一个自然遗产保护区却存在着数部保护法。有专门针对自然遗产的，有专门针对有形文化遗产的，还有专门针对无形文化遗产的。这一方面加重了立法者的负担，另一方面加大了保护的成本和效率。其次，立法之间相互重叠。许多文化遗产是依附于自然遗产而存在的，在这种情况下，针对自然遗产保护的立法势必会涉及位于其上的文化遗产，而针对文化遗产的立法也同样会涉及其所依附的自然遗产。最后，立法上的空白。立法之间相互重叠的同时，也可能造成立法上的空白，即文化遗产立法部门认为这一部分应当由自然遗产管理部门进行管理，因此不会纳入其立法的框架中。而此时如果自然遗产立法部门认为这部分不属于自然遗产立法范畴时，就会造成立法上的空白。

（二）自然遗产与文化遗产的相互联系

除了传统立法的不足外，之所以会出现整合化的立法趋势，更主要是由于自然遗产与文化遗产之间的密切联系。自然遗产与文化遗产的密切联系主要表现在以下几个方面：首先，许多文化遗产与自然遗产本身就是你中有我，我中有你。在自然遗产保护区内，可能存在大量的文化遗产，同样在文化遗产保护区内也可能存在大量的自然遗产。许多文化遗产，可能是人工与自然的结合物，在传达人文价值的同时，也具有生态价值。同样，许多自然遗产也经过了人类的改造，传达着文化信息。其次，文化遗产传达的是文化的多样性，自然遗产表现的是生物的多样性，对于文化多样性的保护，除了依靠社会系统之外，生态系统也同样发挥着重要作用。同样，对于生物多样性的保护，也不可能仅靠生态系统的一己之力，更重要的是社会系统的合作。❶ 最后，联合国教科文组织在对世界遗产进行分类时，除了文化遗产与自然遗产外，还有一类是文化与自然遗产，这类遗产既包含文化遗产属性，也包含自然遗产属性，是将自然与文化价值相结合的遗产，如我国的武夷山、泰山、黄山，瑞典拉普人居住区，澳大利亚卡卡杜国家公园，都属于文化与自然双重遗产。1994 年世界遗产委员会召集了以"全球战略"为主题的专家会议，从此展开了庞大的全球战略，并延续至今。在遗产要素方面，由注重单一要素遗产向同时注重多要素集成遗产方向发展。这表现为：注重兼具文化和自然双重特征的遗产，即"复合遗产"；注重由文化要素与自然要素相互作用而形成的遗产，如"文化景观"；注重遗产中"物质要素"与"非物质要素"的结合，如自然遗产中的"圣山"等"圣地"类遗产。国际上遗产概念内容的发展，证明文化与自然的

---

❶ Declaration on the Role of Sacred Natural Sites and Cultural Landscapes in the Conservation of Biological and Cultural Diversity[EB/OL].（2005-05-30）[2020-07-06]. http: //www. un. org/esa/socdev/unpfii/documents/tokyo_final_declaration_en. pdf.

界限越来越难以区分，人与自然的关系也被人们重新认识。❶

　　除了传统立法方式的不足及自然遗产与文化遗产之间的密切关系外，许多自然遗产与文化遗产保护组织的活动也在一定程度上促进了立法整合化，形成了这种变化的强大外力。这些保护者在倡导保护时，并不局限于自然遗产或文化遗产，都是将两者结合起来进行保护，其所提出的保护方案也体现了这一特征。❷ 内力与外力相结合，使立法者在立法时开始反思，这些因素结合起来，促使了立法整合化趋势的产生。

二、整合化的表现

（一）美国

　　美国作为一个联邦制国家，无论是联邦立法还是州立法，都有不同的保护文化遗产与自然遗产的法律框架。作为世界上第一个建立国家公园体系和国家森林体系的国家，美国也是自然和文化遗产协调保护较为成功的国家，其不仅建立了完备的自然和文化遗产协调保护的法律体系，规定了遗产管理的组织机构、资金机制、经营机制、监督机制等，还采取各种具体措施确保管理能力、管理手段与管理目标相适应。❸ 近年来，美国的立法方式开始发生转变，不再专门针对自然遗产或文化遗产进行专项立法，而是通过经济、文化、环境多方面的努力进行整合式立法。

　　2006 年，美国议会通过法案建立了国家遗产区域（National

---

❶ 薛晓明. 中国"海上文化线路"遗产的环境法保护[M]. 青岛：中国海洋大学出版社，2016：31.

❷ DAVID LOWENTHA. Natural and Cultural Heritage[J]. International Journal of Heritage Studies，2005（11）：81–92.

❸ 同❶59.

Heritage Areas）系统。❶ 该法案将国家遗产区域界定为"由人类活动以及地理构造形成的，一个具有自然价值、文化价值和历史价值的区域。在这个区域中，当地居民、企业者及政府机构为了当代和未来人的利益，联合起来保护、提升和共享他们的遗产、文化、自然资源"❷。国家遗产区域由联邦政府、州政府、居民、非政府组织和其他私人代表来进行管理。议会通过 10 个标准对国家遗产区域进一步界定，这些标准强调作为国家遗产区域必须具有文化、自然和历史的综合性特征。这些国家遗产区域都是由特定的主体来进行管理，并设有专门的管理计划。而无论是管理主体和管理计划都是由相应的立法来进行授权。根据立法，管理主体可能是州部门或当地部门，或私人非营利组织，而管理计划必须强调文化、历史与可持续发展的保护，并不仅仅是生态保护。通过整合式的管理框架，国家遗产区域鼓励并吸引当地居民参与管理，保护他们生活区域内的具有文化价值、历史价值和自然价值的遗产。

以哈得逊河峡谷国家遗产区为例，美国议会将哈得逊河峡谷国家遗产区列为"国家遗产区域"，并通过了对该区域的保护法案。法案强调，"要增进对文化和自然资源对于国家意义的理解"，"要促进遗产区域遗迹的发展，将遗产区域与社区联系起来，使不同的公共和私人团体参与到遗产的保护中来"，"在保护过程中要注重哈得逊河峡谷的自然资源和文化资源，保护该地区

---

❶ National Heritage Areas Act of 2006［EB/OL］.（2006–10–12）［2020–07–06］. https: //www. congress. gov/bill/109th–congress/senate–bill/203.

❷ What Is A National Heritage Area? National Park Service：U. S. Department of Interior［EB/OL］.（2010–01–02）［2020–03–01］. http: //www. cr. nps. gov/heritageareas/FAQ/INDEX. HTM.

的历史和文化价值"。❶法案放弃了以往在国家公园与国家森林保护立法中所强调的纯粹的自然保护方法，更注重自然遗产保护与激发社会公众参与的结合，正如其目标所指出的那样，"通过遗产所在区域的居民参与来保护和提高哈得逊河峡谷的自然遗产与文化遗产"。这一目标不仅仅强调生态价值的重要性，更强调人文价值的意义。

根据法律的授权，哈得逊河峡谷国家遗产区域由哈得逊河峡谷绿化管理委员会与社区管理委员会共同管理。前者负责在区域内进行科学、环境、经济、旅游和文化方面的研究，并且其研究活动必须遵循五项标准，首要的就是有益于自然遗产与文化遗产的保护。❷后者主要负责制定保护文化、历史与自然资源的计划。可见无论是哪一方主体，都将保护和促进自然遗产与文化遗产的发展作为己任，而非厚此薄彼。

实践证明，哈得逊河峡谷国家遗产区域这种整合立法的方式是成功的，其一方面可以使政府机构、非政府组织、当地居民、企业和其他实体共同参与管理，通过各方的共同努力来保护自然与文化遗产，增强保护意识；另一方面可以通过制定整合式的管理方案，对哈得逊河峡谷国家遗产区域内的自然遗产与文化遗产进行综合性保护，利于管理机构之间的相互合作与协调，利于平衡生态、经济、文化等各方面利益。尽管这一整合式的立法方式取得了一定的成功，但是也存在一些问题。由于这一整合式的立

❶ Hudson River Valley National Heritage Area Management Plan[EB/OL].（2018-05-02）[2020-03-25]. https://hudsongreenway. ny. gov/system/files/documents/2018/05/nhamanagementplan1. pdf.

❷ THOMAS A BIRKLAND. Environmental Successes and Continued Challenges in the Hudson Valley[J]. Albany Law Environmental Outlook，2004（8）：20.

法方式将各方面主体都纳入管理框架之中，也将各种利益归于框架之内，虽然可以实现这些主体之间的合作，以及这些利益之间的平衡，但是不得不承认，这些主体与利益之间存在冲突。政府机构、非政府组织、当地居民及其他私人团体都有着各自不同的利益诉求，势必在保护过程中维护并力图实现己方利益。而对生态利益与文化利益平衡的同时，也势必会在一定程度上牺牲一方来达到平衡。在未来的发展中，如何协调各方的利益主张，将是这一整合式立法方式面临的最大难题。

（二）欧洲国家

许多欧洲国家和美国一样，也建立起了完备的法律体系来保护自然遗产和文化遗产。2000 年，欧洲国家在自然遗产与文化遗产保护的立法上取得了新的进展，颁布了《欧洲景观公约》，旨在保护、管理和发展欧洲景观，包括历史纪念物，也包括自然景观。❶

《欧洲景观公约》明确阐述了景观的定义："景观是一片被人们所感知的区域，该区域的特征是人与自然的活动或互动的结果。"其对景观的理解发展为"是一种自然力量和人类行为共同作用的结果"，而且强调"景观形成一个整体，该整体是自然与文化结合在一起的成果，是不可分离的"❷。其进一步指出，景观不仅仅是空间上限定的范围，同时也是一个经过历史发展而日积月累形成的文化与风俗概念。作为自然景观的认同感和特点与社

---

❶ 参见 Council of Europe, European Landscape Convention, European Treaty Series – No. 176, Oct. 20, 2000.

❷ DÉJEANT-PONS M. The European Landscape Convention[EB/OL]（2007-1-23）[2020-07-06]. https://www.tandfonline.com/doi/abs/10.1080/01426390601004343?journalCode=clar20.

区的文化特点是交织在一起的，文化社区塑造自然景观的同时也被自然景观所塑造。《欧洲景观公约》的主要成果之一是清楚地阐述了类似这样的一系列定义，目前这些定义在整个欧洲范围内已为那些景观相关政策的制定者们广为使用。❶

虽然欧洲国家有许多与文化遗产和自然遗产保护相关的条约，也有许多与环境保护相关的政策、条例和法律，但是《欧洲景观公约》是第一部，也是目前唯一一部采取整合方法来保护文化和自然遗产的公约。《欧洲景观公约》意识到综合保护自然与文化遗产、协调环境利益与文化利益的重要性，强调任何地方都存在景观，景观是大自然与人类认同感及地方文化的重要组成部分。欧洲国家与美国情况不同，美国地广人稀，生活在自然遗产内的居民相对较少。而欧洲国家历史相对悠久，地稀人密，居民已经在自然遗产内生活了数百年或更久，在这些人看来，他们世世代代赖以生存的自然遗产，是家族文化的象征，传达着文化信息，可以被视为一种文化景观。

《欧洲景观公约》为我们提供了一个重要的保护自然与文化遗产的方法和新起点。我们可以利用综合性的方法，利用人类学、社会科学与自然科学的跨学科指导思想来为保护自然遗产与文化遗产出谋划策。《欧洲景观公约》一经发布，引起了学者们的强烈兴趣。纳维认为将景观的文化维度看作是"自然和人类精神切实的汇合点"，同时，认为我们需要"文化景观"这一新的概念来保证"自然与人类社会的协调与可持续发展"❷。费尔克

---

❶ 麦琪·罗.《欧洲风景公约》：关于"文化景观"的一场思想革命[J]. 韩锋，等，译. 中国园林，2007（11）：11.

❷ NAVEH Z. Interactions of landscapes and Cultures[J]. Landscape and Urban Planning, 2005（32）：43-54.

劳认为《欧洲景观公约》为不同学科在共同利益下的合作提供了新的机会。❶其所设计的综合性保护模式，使政府组织、非政府组织、私人与其他团体都可以参与到景观的保护过程中，实现了各主体之间的合作。《欧洲景观公约》认识到所有景观，不管是文化景观还是自然景观，都应被看作是有价值的，而且具有文化与生态双重价值，景观是"个体和社会健康发展和自然资源维护的关键要素"。《欧洲景观公约》鼓励政府、非政府组织和其他机构之间保护方法和经验的交流，并且在欧洲理事会的会议报告中，已有记录表明《欧洲景观公约》已经在许多成员国的国家、区域和地方层面帮助和促进了景观政策的实施和进展。

尽管《欧洲景观公约》在实践中取得了可喜的成果，但仍然存在许多问题。《欧洲景观公约》尽量避免与其他国际公约和国家的法律发生冲突，这一想法在公约的解释性文件及其他支持性文件中可以发现。特别是在与《世界遗产公约》的关系上，《欧洲景观公约》特别强调该公约不能和其他现有的国际和国家的法律发生冲突，这使公约不能推翻其他现有或将来的国际或国家法律。❷关于"文化景观"概念的提出是否解决了文化与自然遗产分离的问题，答案不确定。这就好比一个罐子，虽然它的容量是固定的，但如果我们使用不同的方式往里面装东西，结果可能是不一样的。因此，我们需要综合的工具，抑或我们需要不同的合

---

❶ FAIRCLOUGH G. Europe's Cultural Landscape：Archaeologists and the Management of Change[M]. Brussels：Europeae Archaeologia Consilium，2002：21–24.

❷ DÉJEANT–PONS M. The European Landscape Convention[J]. Landscape Research，2006（31）：363–384.

作方式来处理文化和自然融合的问题。❶

（三）加拿大

加拿大对自然遗产的保护，主要通过国家公园、国家历史遗迹、国家海洋保护区域、国家野生动物保护区域等制度来实现。作为世界上另一个自然遗产丰富的国家，加拿大同样有着完备的自然遗产保护立法体系。近年来，加拿大在自然遗产与文化遗产保护的立法方面，同样出样了整合化立法的趋势。

国家公园制度是加拿大自然遗产保护中的一项重要制度，目的在于保护"加拿大自然区域内，具有代表性意义的自然景观和自然现象"❷。国家遗产管理局作为独立的机构来行使自然遗产的管理权。在国家层面上，加拿大文化遗产与自然遗产保护一直是分开并独立进行的，而近年来，这一现象却发生了转变。国家遗产管理局的任务已经扩展至保护那些具有自然与文化双重价值的遗产区域。❸这一转变的例子，就是"加拿大河流遗产系统"的产生。该系统是加拿大整合自然遗产与文化遗产保护的成果，有利于加拿大人意识到河流的自然价值与文化价值。加拿大河流遗产系统不仅仅强调保护河流的生态价值，同时也明确指出纳入遗

---

❶ 张柔然，等.文化与自然融合：世界遗产管理与研究的新方向［EB/OL］.（2019-02-22）［2020-03-16］. https: //www. chinesefolklore. org.cn/web/index. php? NewsID=18706.

❷ National Parks of Canada［EB/OL］.（2006-04-03）［2010-01-03］. http: //www. pc. gc. ca/progs/np-pn/intro/index e. asp.

❸ Canadian Heritage, Departmental Performance Report for the Period Ending March 31, 2005［EB/OL］.（2013-04-03）［2020-02-23］. https: //www. canada. ca/en/sr/srb. html? q=Canadian%20Heritage%20Performance%20Report&idx=10.

产系统的每一条河流对加拿大人民来说都具有独特的特质，能够让加拿大人更好地理解和享受加拿大的历史和文化。可见，该系统设立的初衷在于强调自然遗产与文化遗产之间的联系，实现自然与文化遗产的整合保护。

加拿大河流遗产系统明确指出，"凡是列入本系统中的河流遗产，必须具有杰出的文化价值、自然价值和可持续利用价值"，通过该系统来"反映河流的生态多样性，并发挥河流对于加拿大历史和社会的作用"。加拿大河流遗产系统规定，凡是纳入该系统的河流必须符合一定的标准，而从这些标准当中可以窥见其综合保护自然遗产与文化遗产的意图。首先，当河流流经人们的生活区域时，该系统指出该河流应当能够反映生活在河流沿岸的人们的文化特质，这种文化特质与河流相结合形成一种文化景观；其次，该河流不仅应当具有生态价值，同时也应当具有科学价值、文化价值与历史价值；最后，纳入该系统的河流，不仅对保护加拿大的生物多样性具有重要作用，同时也应当提升加拿大人的认知，能够鼓励加拿大人参与遗产保护，并享受遗产带给他们的文化认同感和历史责任感。此外，加拿大还修正了相关的环境和文化遗产保护法律来支持该系统，并设立了专门的加拿大河流遗产保护基金，为该系统的正常运转提供充分的经济支持。这些努力都为综合保护自然遗产与文化遗产起到了积极的促进作用。

值得一提的是，这种整合化的保护方式，在加拿大土著部落的自然遗产与文化遗产的保护上起到了重要作用。土著人在部落生活中形成了独特的、专属于该部落的文化遗产。同时，土著人生活的环境不仅具有文化价值，也具有自然价值、精神价值和历史价值。整合化的立法方式有助于将土著部落内的自然遗产与文化遗产作为一个整体来进行保护。除此之外，加拿大还大力发展遗产旅游，遗产旅游设计的目的在于增加文化遗产保护组织与旅游组织之间的合作❶，希望通过遗产旅游增强人们对自然遗产与文化遗产的理解，加强人们的保护意识。加拿大这种整合化的遗产保护方式在一定程度上解决了长期以来自然遗产保护与文化遗产保护分而治之的局面，适应了实践发展的需要。

（四）巴西

巴西拥有丰富的自然资源和独特的文化资源。亚马孙盆地的五分之三位于巴西境内，得天独厚的地理优势给巴西带来大量自然资源同时，也使其面临严峻的保护问题。

巴西在 1970 年颁布了第一部环境保护立法，随后联邦政府和圣保罗州政府都成立了环境保护管理机构，各个州也根据国家环境法的授权颁布了各自的环境保护法规。❷ 这些法律构成了巴西环境保护的法律框架。然而巴西的立法有其先天的不足：一方面，在保护内容上，仅局限于空气污染、水污染及废弃物污染的防治，对于人口增长、土地使用和矿产开发等随后日益突出的破坏行为缺少规制；另一方面，这些立法只是针对环境，未对自然遗产保护进行专门规定。此外，由于法律之间的不一致性、法律规定的模糊性，以及缺少足够的人力和物力资源，使得这些环境

---

❶ Parks Canada, Prince Edward National Park of Canada: Activities, Heritage Tourism Partner[EB/OL]. （2010–01–03）[2020–03–01]. http://www. pc. gc. ca/pn–np/sk/princealbert/activ/activ13 e.asp.

❷ JANELLE E KELLMAN. The Brazilian Legal Tradition and Environmental Protection: Friend or Foe[J]. 2002（25）: 13–15.

立法在实践中发挥的作用极其有限。❶

除了保护自然资源的立法外，巴西也存在一定数量的保护文化财产的立法。例如，1934年的宪法规定，巴西政府有责任保护那些具有艺术价值、人类学价值、历史价值和种族价值的财产。❷虽然巴西已经颁布了相关的自然遗产与文化遗产保护的立法，但是这些法规各行其是，相互之间没有交集。环境保护立法只是纯粹地管理自然资源的利用和开发，而相关的文化财产立法则仅仅管理文化遗产的保护与传承。

近年来，这一现象得到了改变。随着经济水平的不断提高及国际社会的压力，巴西政府开始越来越多地关注自然遗产与文化遗产的综合保护。最明显的举措是成立了历史区域管理局，并通过相关立法对管理局的职责与权限进行规定。管理局的主要任务是保护具有历史、文化与自然意义的财产，包括文化财产与自然遗产。❸通过这一方式，巴西实现了对自然遗产与文化遗产的综合性保护，结束了长期以来的分而治之的局面。

通过上述国家与地区的最近立法动态，我们发现无论是发达国家还是发展中国家，文化遗产保护、自然遗产保护与生态资源保护都是紧密相连的。随着人口数量的不断增长与经济的不断发展，人类与大自然的亲密接触必将越来越多，在这一过程中必然会创造新的文化遗产，而这些文化遗产与自然遗产之间也势必会

---

❶ LILA KATZ DE BARRERA-HERNANDEZ, ALASTAIR R LUCA. Environmental Law in Latin America and the Caribbean: Overview and Assessment[J]. Georgetown International Environmental Law Review, 2000（12）: 12.

❷ JOHN DICKENSON. The Future of the Past in the Latin American City: The Case of Brazil[J]. Bulletin of Latin American Research, 1994（13）: 13-25.

❸ 参见The World Heritage Newsletter, No. 43, Feb-March 2004.

有这样或那样的联系。当一个新的遗产诞生时，我们很难单纯地将其归结为自然遗产或文化遗产，特别是文化景观概念的产生更进一步揭示了文化遗产与自然遗产之间你中有我、我中有你的关系。法律产生于实践、服务于实践，当各国对自然遗产与文化遗产的认知发生改变时，这一变化自然会表现在立法的方式上，目前各国整合化的立法方式反映了这一要求。

三、评析

整合化立法模式的产生，从客观上看，是由于经济发展及保护自然与文化遗产实践的需要；从主观上看，是由于人们保护自然遗产与文化遗产观念的改变及对遗产认识的加深。从学者们的评价及其实践的效果来看，整合化的立法模式较传统立法模式有以下优势。

首先，整合化的立法模式有助于决策者平衡生态需求和社会需求。虽然文化遗产与自然遗产同属于世界遗产的两个方面，但两者无论在表现形式，还是保护方法上都存在着很大的区别。传统的立法模式只专注于自然遗产或文化遗产的单独保护，很可能会为了保护某一方而牺牲另一方的利益。例如，人们在保护土著部落当中的自然遗产时，为了自然遗产的完整性，可能会要求土著人搬离自然遗产所在的区域。当土著人离开祖祖辈辈生存的环境，融入另一个新环境时，他们的语言、文化、习惯和生活方式等都会被新的环境所改变，而这些语言、文化和习惯就是一笔宝贵的文化遗产。❶ 而整合化的立法模式采用的是两者并重的保护方法，在这种立法框架下，立法者可以有效地平衡代表自然遗产

---

❶ Parks Canada: An Approach to Aboriginal Cultural Landscapes [EB/OL] [2020-03-16]. https://www.pc.gc.ca/leg/docs/r/pca-acl/index_e.asp.

的生态需求与代表文化遗产的社会需求之间的不同利益，避免了两者之间的矛盾和冲突，使得双方可以共存、互融、和谐发展。

其次，整合化的立法模式有助于实现国家、地方政府、非政府组织、居民及其他私人实体的联合保护。传统的立法模式中，自然遗产管理部门与文化遗产管理部分相互独立、互不往来。这一局面不利于遗产保护的协调与合作。而整合化的立法模式，通过对自然遗产与文化遗产的联合保护，唤起了人们对于国家历史的自豪感和认同感，增加了人们的环境保护意识，使各方主体能够发挥主观能动性，积极参与到遗产保护中来。无论是美国的国家遗产区域，还是加拿大的河流遗产系统，均在其立法中明确指出，将遗产区域与所在的社区联系起来，形成一个大的文化社区，使不同的公共团体和私人团体都能够参与到遗产的保护中来，群策群力，形成一个相互合作、相互监督的管理体系。

最后，整合化的立法模式，有助于实现保护方法的多元化。传统的立法模式由于只专注于某一方的保护，在保护方法上过于单调。整合化的立法模式，强调通过政治、经济、生态和社会的多方面联合保护，一方面丰富了保护的方法，另一方面增强了保护的力量。以美国国家遗产区域为例，除了结合原有的生态保护与社会保护外，在立法中还要求设立专门的遗产保护基金，这一举措为自然遗产保护与文化遗产保护提供了有力的经济支持。

然而，这一整合化的模式也面临着许多挑战。首先，尽管人们早就意识到了文化遗产与自然遗产之间的联系，但一直以来，文化遗产保护与环境保护是两个相互独立的部分，两者在价值取向上截然不同，因此在平衡两者利益的过程中难免会有许多矛盾和冲突。❶ 以《欧洲景观公约》为例，在公约的实施方面有许多关于手段、尺度和科学模型问题的争论。这是因为各成员国有不同的政治观点、国家环境法律和政策，还有不同的专业人员和科学技术专家，以及与这方面工作有关的知识和经济资源。❷ 其次，整合化的立法模式模糊了自然遗产与文化遗产的界限，希望呈现一个整体的文化景观。这一模式虽然看到了两者之者的联系，但却在一定程度上牺牲了两者之间的特质。❸ 最后，许多文化遗产与自然遗产都位于土地之上，而这些土地很大为私人所有，这就导致了土地私人所有权与保护的冲突。特别是那些位于自然遗产与文化遗产保护区之外的经济活动，如果对保护区构成了威胁，法律是否有权对其加以规制？对于位于私人土地之上的自然遗产与文化遗产是否有权代替土地所有权人来进行保护？而无论是传统的立法模式，还是整合化的立法模式，都无法解决这一尴尬的问题。

小　结

目前，世界上绝大多数国家都已经建立了自然遗产保护制度。特别是一些自然遗产保护立法较早的国家，已经形成了完备

❶ LAURYNE WRIGHT, LAURYNE. Cultural Resource Preservation Law: The Enhanced Focus on American Indians[J]. 2004（54）：35.

❷ 麦琪·罗.《欧洲风景公约》：关于"文化景观"的一场思想革命[J]. 韩锋，等，译. 中国园林，2007（11）：13.

❸ ALMO FARINA. The Cultural Landscape as A Model for the Integration of Ecology and Economics[J]. Bioscience，2000（8）：20.

的立法体系。纵观这些国家的立法成果，我们可以发现，成熟的自然遗产立法体系呈现以下特点：首先，立法体系完备。无论是美国、加拿大、澳大利亚，还是意大利等国，都存在着大量的自然遗产保护法律法规。在这些法律法规中，既有自然遗产保护的基本法，也有与之相匹配的自然遗产保护的专门法。这些不同的法律之间构成了一个有机的整体，相互配合、相互补充，共同发挥着作用。其次，管理体系严格。这些国家都建立了严格的管理制度，设有专门负责保护自然遗产的中央机构，并保证了该机构的独立性和自主性。此外，都颁布了专门的法律对管理机构的职权和组织体系进行规定，为其工作的开展提供了良好的法律保障。再次，重视教育。这些国家的立法却十分重视对公民的教育，通过教育增强公民保护自然遗产的法律意识。最后，法律责任制度严格。对于自然遗产的破坏行为，发达国家的立法都建立了完善及严格的法律责任制度。在法律责任中，以刑事责任为主；在经济处罚中，设立了较高的惩罚额度，这在很大程度上震慑了破坏自然遗产的行为。

尽管目前自然遗产与文化遗产保护的立法体系比较完备，但仍然存在许多问题和不足。立法主体的多元化导致不同立法之间的相互重复甚至冲突；中央与地方立法权的冲突，使双方在自然遗产资源上展开争夺；立法模式的困境使各国在分别式立法与综合式立法之间徘徊；保护内容的不全面，导致大量的自然遗产处于立法的真空地带；法律责任约束力较弱则使破坏自然遗产的行为屡禁不止。这都是我们在日后的立法工作中，亟待修改和完善的地方。

近年来，随着自然遗产与文化遗产之间的联系越来越密切，特别是文化景观概念的出现，人们改变了传统的看法。自然遗产与文化遗产的保护模式已不再各行其是、分而治之，各国开始越来越多地采用综合化的立法方式，即制定统一的立法对自然遗产和文化遗产采取整合化保护。这一立法趋势目前在许多国家的立法中都得到了体现。整合化立法，有利于对自然遗产与文化遗产的联合保护，有利于调动各方面因素参与自然遗产保护，代表了自然遗产立法的未来发展动向。

第四章

自然遗产保护的现实困境及法律对策

第一节　国际投资争端中的自然遗产保护*

近年来，因自然遗产保护与国际投资相冲突而产生的案件屡见不鲜。自然遗产是大自然赋予人类不可复制的宝贵财富，世界各国对自然遗产资源的保护和推动其可持续发展是每个国家的重要职责，也是全人类的共同义务。进入 21 世纪，由于经济发展对能源和资源的迫切需求，人类对环境的开发使自然遗产的保护面临严峻的挑战，特别是一些国际投资者趋于对利益最大化的追求，盲目的开发行为给东道国的自然遗产带来了潜在的威胁和破坏。从最近发生的相关案件来看，争论的焦点主要集中在以下三个方面：一是东道国为保护自然遗产而采取的限制措施是否构成征收？二是东道国保护自然遗产的非条约国际义务能否对抗国际投资条约义务？三是一旦发生争端，仲裁是否是解决争端的最佳方式？本节将结合相关案例，试图对以上问题进行解答。

---

　　* 本节主要内容笔者已与郭玉军教授合作发表。见郭玉军，马明飞. 论国际投资争端解决中的自然遗产保护[J]. 时代法学，2010（1）.

一、自然遗产保护与国际投资的冲突

经济全球化不应以牺牲人类的环境利益为代价的观点已经被越来越多的国家所接受，投资与环境问题密切相关的观念日益深入人心，如何实现投资促进与环境保护的并行不悖成为国际社会共同关注的问题。[1] 在国际投资活动中，投资者根据国际投资协定所赋予的权利和义务在东道国境内进行投资行为，东道国与投资者往往通过国际投资协定中设立的仲裁条款解决因国际投资活动而产生的争端。

近年来，因国际投资活动与东道国保护自然遗产的规定相冲突的案件屡见不鲜，外国投资者的开发行为对东道国某区域内的自然遗产构成了威胁或破坏。2002 年，位于意大利西西里的诺托峡谷，由于独特的地质地貌而被列入《世界遗产名录》。2006 年，当地政府与美国德克萨斯州的美洲豹石油公司签署了国际投资协定，由该公司在诺托峡谷内开采天然气。然而在项目进行过程中，美洲豹石油公司的开采活动对峡谷的地质地貌造成了破坏，甚至有可能造成局部的坍塌。尽管当地的行政法庭允许美洲豹公司继续开采活动，但是意大利政府表示凌驾于西西里地区的自治权之上，决定停止该项工程。[2] 然而，如果意大利政府将保护自然资源开发的规定适用于西西里地区，那么美洲豹公司可以以违反投资协定为由，要求意大利政府赔偿其损失。

---

[1] 吴岚. 国际投资法视域下的东道国公共利益规则[M]. 北京：中国法制出版社，2014：39-40.

[2] Sicilian Valley Wins Battle Against Gas Wells[EB/OL]. （2007-06-07）[2020-07-07]. https://www.reuters.com/article/environment-italy-environment-battle-dc/sicilian-valley-wins-battle-against-gas-wells-idUSL1759389920070617.

经济建设与环境保护始终是一对难以调和的矛盾，在自然遗产保护过程中，这一矛盾则显得更加突出。外国投资者追求的是利益最大化，为了达到最大的生产效益，必然要求更多的生产资料，而生产必然会带来废弃物的排放，这些对环境保护带来消极的影响。自然遗产保护强调保持大自然的完整性与原真性，保持自然遗产保护区内动植物物种的多样性，因此与经济开发难免产生冲突。

二、与自然遗产保护相关的征收及赔偿标准

（一）征收

外资征收及其补偿标准问题一直是国际投资领域的重要议题之一。东道国环境措施与间接征收之间的关系问题蕴含着东道国维护公共环境利益的权力与保护外国投资者财产利益的义务之间的冲突。❶ 在自然遗产保护过程中，东道国出于对自然资源的保护，往往采取各种措施来限制外国投资者的投资活动。

以圣埃琳娜发展公司诉哥斯达黎加（Compania del Desarrollo de Santa Elena S. A. v. Republic of Costa Rica）案 ❷ 为例。瓜纳卡斯特自然保护区（Guantanacaste Conservation Area）因为独特的自然景观及三万米长的太平洋海岸线而被列为自然遗产保护区，该区内有大量的河流、森林和山脉。为了扩大该自然遗产保护区的范

---

❶ 张光. 东道国的环境措施与间接征收——基于若干国际投资仲裁案例的研究[J]. 法学论坛，2016（4）：62.

❷ Award of February 17, 2000, ICSID Case No ARB/96/1/[EB/OL]. （2000-02-17）[2020-03-16]. https://jusmundi.com/en/document/decision/en-compania-del-desarrollo-de-santa-elena-s-a-v-republic-of-costa-rica-award-thursday-17th-february-2000.

围，哥斯达黎加政府对位于附近的美国投资者的财产收归国有。根据双方约定的仲裁条款，国际投资争端解决中心（International Centre for Settlement of Investment Disputes，ICSID）组成了仲裁庭，对本案进行了审理。美国投资者认为，哥斯达黎加政府的行为构成了直接征收，应对其损失进行赔偿。仲裁庭认为，"尽管哥斯达黎加政府出于公共的目的对外资投资者的财产进行了征收，但这并不妨碍作出及时、充分、有效的补偿"。

与哥斯达黎加政府所做的直接征收行为不同的是，在 2009 年 6 月审结的格拉米斯黄金有限公司诉美利坚合众国（Glamis Gold，Ltd. v. United States of America）案中，美国加利福尼亚州政府则通过颁布法案对外国投资者的投资活动加以限制，以此达到保护自然遗产的目的。格拉米斯黄金有限公司是设立在美国中部和北部的加拿大冶金公司，该公司获得了位于加利福尼亚州境内一处联邦矿产地区的所有权，并在该区域内进行氰化物露天开采，这种开采方法一方面有害健康，另一面对周围的生态环境产生了严重影响。该采矿区位于加利福尼亚沙漠保护区（California Desert Conservation Area）内，格拉米斯公司的开采对该自然保护区的生态环境带来了严重的破坏。2002 年，加利福尼亚州地质和矿产委员会颁布了一项规定，要求"在开采后，对露天矿井进行回填，并恢复开采前的地貌轮廓"，该规定进一步要求"开采前应预留基金，用来承担清洁所需要的费用"。格拉米斯公司根据北美自由贸易协定（NAFTA）第 11 章的规定申请仲裁，格拉米斯公司认为加州政府颁布的采矿法案违反了 NAFTA 第 11 章第 5 款所规定的最低待遇标准，同时法规中要求的"回填"及"清洁费"使得开采活动的费用更加昂贵。格拉米斯公司认为这一规定使其开采项目受到严重阻碍，根据 NAFTA 第 11 章第 10 款的规定，其已构成征收行为，因此要求加州政府赔偿其损失。仲裁庭对加州政府的行为是否购成征收进行了讨论，最后仲裁庭认为，尽管加州政府新颁布的规定延缓了开采的进程并加重了格拉米斯公司的开采成本，但仲裁庭认为格拉米斯的开采权应具有重大的经济价值，与规定颁布前的 4900 万美元市场价值相比，规定颁布后格拉米斯的开采权仍具有 2000 万美元的市场价值，且这一价值仍是巨大的，因此加州政府的行为不构成征收。

　　征收是国际投资活动中常见的一种东道国的国家行为，与直接征收相比，间接征收更具有隐蔽性，更加难以判断，因而也成了争论的焦点。间接征收通常通过以下手段来实现：首先，限制外资进入本国或违反原来约定，即东道国禁止外资进入国内某一工业领域，或外资从一个领域扩张至另一个领域，或在其原来领域内扩张的情况；其次，限制外资的运用或违反原来的约定，即东道国通过增加某一领域的国家所有成分给予其本国企业不公平的竞争优势；最后，对外资产生的收益加以限制，即东道国通过税收、行政等手段使外国投资者的投资负担加重，使其处于竞争劣势，进而使外国投资无利润可图。在文化遗产保护纠纷的具体仲裁案件中，仲裁庭基本从以下两个方面认定东道国对外国投资者采取的限制性管制措施是否构成间接征收：东道国的行为效果，即该国政府采取的文化遗产保护措施损害私人投资者的财产所有权的程度；东道国政府行为的目的，即东道国政府采取的文化保护措施能够在多大程度上保护社会公共利益。❶ 相应地，在自然遗产保护领域，仲裁庭在进行仲裁时也基于类似原则进行仲裁。在格拉米斯一案中，该公司认为加州政府新颁布的规定加重

❶ 孙雯，高洁."一带一路"建设中国际投资争端的文化遗产保护[J].南京大学学报，2018（5）：60.

了其开采成本，因而使其无法获得经济利润，属于上述的最后一种情形。

众所周知，自然遗产是大自然赋予人类的宝贵财富，其不可复制性、不可再生性决定了自然遗产的巨大经济价值和人文价值。东道国采取的旨在保护自然遗产的政策是否构成征收行为的认定，对于自然遗产的保护具有重要意义。因为一旦东道国的行为被确认为征收，东道国将面临对外国投资者的经济赔偿，这不但加重了东道国的经济负担，也与东道国保护自然遗产的初衷背道而驰。因此，在自然遗产保护过程中，间接征收行为的认定标准就显得十分重要。从目前理论界的观点来看，对于间接征收的认定标准存在两种主张，即目的标准和纯粹效果标准。前者认为在间接征收的认定中，应将国家采取某一措施的目的考虑进去，并将其作为是否构成间接征收的重要决定要素；后者认为区分管制措施与征收措施时应该完全根据特定政府措施的效果，尤其是对投资的干预程度。在格拉米斯案中，仲裁庭则采用了纯粹效果标准，仲裁庭在比较了加州政府规定颁布前与颁布后格拉米斯公司采矿权的经济价值后，最终认为加州政府颁布的规定虽然在一定程度上增加了格拉米斯公司的投资成本，但是格拉米斯公司的采矿权仍具有重大的经济价值，因此认为加州政府的行为不构成征收。

笔者认为，在考虑东道国采取的旨在保护自然遗产的行为是否构成征收时，应当将目的标准与纯粹效果标准结合起来加以判断。如果仅依据纯粹效果标准，虽然有一定的量化标准，但这一做法只强调了外国投资者的经济利益，忽视了保护自然遗产所具有的重大公共利益。同样，如果仅依据目的标准，虽然强调了保护公共利益的重要性，但却削弱了对于外国投资者权利和利益的保护，同时也有可能为一些国家采取"征收"行为打开方便之门。"兼采效果和目的标准"体现了增进东道国公共利益与保护外国投资者财产利益之间的基本平衡。❶由于与自然遗产相关的国际投资活动具有一定的特殊性，其从事投资活动的领域，不仅涉及东道国保护自然遗产的国家义务，更涉及全人类的共同利益，因此，我们应当兼顾东道国保护自然遗产的国家责任和外国投资者的经济利益，采取目的与效果兼顾的标准来判断东道因保护自然遗产而对外国投资者采取的限制行为是否构成征收。

（二）征收的赔偿标准

一旦东道国为保护自然财产而对外国投资者的财产进行征收，或东道国为保护自然遗产而对外国投资者采取的限制措施被确认为征收，将涉及东道国对外国投资者的赔偿问题。

在上述的圣埃琳娜发展公司诉哥斯达黎加案❷中，仲裁庭在估算了被征收财产的最高价值后，结合市场的平均价值，确认东道国应对外国投资者进行赔偿。仲裁庭认为，"尽管哥斯达黎加政府出于公共的目的对外资投资者的财产进行了征收，但这并不妨碍作出及时、充分、有效的补偿"，仲裁庭又进一步指出，"国际义务的承担，并不能改变充分赔偿的作出，出于公共目的采取的措施，并不能构成减少赔偿的理由"。

在南太平洋地产有限公司（中东）诉阿拉伯埃及共和国[Southern Pacific Properties（Middle East）Limited v. Arab Republic

---

❶ 张光. 东道国的环境措施与间接征收——基于若干国际投资仲裁案例的研究[J]. 法学论坛，2016（4）：64.

❷ 参见Award of February 17，2000，ICSID Case No ARB/96/1/.

of Egypt] 案 ❶ 中，情况又有所不同。南太平洋地产有限公司于
1978 年与埃及政府签订投资协定，成立了一家联合投资公司在吉
萨金字塔地区从事旅游开发建设。1978 年，吉萨金字塔地区列入
《世界遗产名录》，为了保护吉萨地区的自然遗产和文化遗产，埃
及政府取消了该项工程。南太平洋地产有限公司根据投资协定中
的仲裁条款向国际商会（The International Chamber of Commerce,
ICC）提出了仲裁请求，要求埃及政府赔偿其经济损失。尽管 ICC
作出了赔偿决定，但随后，巴黎上诉法院以管辖权为由取消了该
决定。1984 年，南太平洋地产有限公司根据埃及法律的规定，其
允许投资者向 ICSID 提起仲裁解决因投资引发的争端，于是向
ICSID 提出仲裁请求，要求埃及政府赔偿其经济损失。仲裁庭最
后认为，尽管埃及政府的征收行为是出于公共的目的，但并不影
响其承担赔偿的义务。在赔偿金额的标准上，仲裁庭认为应"根
据联合国教科文组织颁布的《世界遗产公约》规定，项目继续建
设的收益是违反国际法规定的，因此，对于损失的赔偿仅限于合
法的部分" ❷。

　　在前一案件中，仲裁庭认为东道国的征收行为虽然符合国际
法的规定，但这并不能作为减少对外国投资者赔偿的理由，东道
国应根据"及时、充分、有效"的原则作出赔偿；而后一案件则
有所不同，仲裁庭认为东道国的赔偿仅限于外国投资者根据国际
法所取得的合法利益，而并不是损失的全部。

　　之所以会出现上述差别，主要由于在对征收的赔偿标准上，
仲裁庭持有不同的观点。征收的赔偿标准问题是征收理论中的传

---

❶ 参见 Award of May 20，1992，ICSID Case No ARB/84/3/.

❷ 参见 Southern Pacific Properties（Middle East）Limited v. Arab Republic
of Egypt，ICSID Case No ARB/84/3.

统焦点问题之一，在此问题上存在的标准大致有三种：全部补偿、不予补偿和适当补偿。[1] 全部补偿标准即"充分、及时、有效"标准，又称"赫尔"规则。这一标准由美国提出并坚持至今，其他发达国家也将其作为国际法上的征收最低标准。这一标准中最重要也引起最多争议的是"充分"条件，即主张应支付被征用财产的全部价值，直到实际支付前的本息总和。苏联、东欧国家和一些拉美国家主张，在对外国投资者财产进行征收后，国家不存在赔偿义务。其依据之一是国家主权原则，认为对于征收是否进行赔偿是一国主权范围内的事务；另一主要依据是国民待遇原则，即如果一国对于其本国内的征收不进行赔偿，那么被征收财产的外国投资者也无权主张对其进行补偿；此外，"自然资源永久主权"原则也是依据之一。适当赔偿原则具有中和效果，由于其对上述两种原则的吸收综合及本身的灵活性得到了包括《国家经济权利与义务宪章》在内的国际范围内的认同。这一原则主张，赔偿时要考虑东道国和外国投资者双方的情况，兼顾双方利益：一方面，要考虑东道国实行社会和经济改革的需要、其经济发展水平和财政支付能力的现实；另一方面，也要考虑外国投资者的合法利益及其权益被侵害的情况。在前一案例上，仲裁庭实际上是采用了第一个标准，认为哥斯达黎加政府应该作出"充分、及时、有效"的赔偿。仲裁庭认为，"基于环境保护而采取的征收，无论对社会有多大的益处，和其他征收行为无异，都应当做出充分的赔偿"[2]。在第二个案例中，仲裁庭考虑到东道

---

[1] 陈安. 国际经济法学专论：下编[M]. 北京：高等教育出版社，2007：740–746.

[2] 参见Compania del Desarrollo de Santa Elena S. A. v. Republic of Costa Rica，ICSID Case No ARB/96/1/.

国的征收行为是出于保护自然遗产和文化遗产的社会需要，同时也兼顾了外国投资者的合法利益，实际上是采用了适当赔偿的标准。

东道国为了保护自然遗产和文化遗产而采取的对外国投资者的限制措施，很有可能被认为是直接征收或间接征收，对于外国投资者经济损失的赔偿，是否可以因为东道国是基于公共的目的而予以减免？"充分、及时、有效"的赔偿标准，虽然在最大程度上保护了外国投资者的利益，但却不利于东道国保护环境和资源政策的执行，反而会给东道国带来沉重的经济负担；不予赔偿的原则虽然鼓励了东道国对于自然遗产的保护，但却损害了外国投资者的利益。笔者认为，在确立赔偿标准上，首先应由双方当事人约定，如果约定不成，在提起仲裁或其他争端解决程序后，应根据适当补偿的原则，即考虑东道国保护自然遗产和文化遗产的公共目的，也兼顾外国投资者的利益，以此确定赔偿的数额。

三、冲突的解决方式

（一）仲裁

当外国投资者与东道国因投资而产生争端时，仲裁是被采用最多的解决方式。与其他国际投资仲裁案件不同的是，因自然遗产保护而产生的国际投资仲裁案件涉及国家为保护自然和文化遗产的非投资国际义务，因此在上述的案例中，东道国都无一例外地以保护自然遗产的国家义务来作为抗辩外国投资者的理由。由此而引发的法律问题是，国家以保护自然和文化遗产为目的的非投资国际义务，能否成为抗辩国际投资条约义务的理由？能否作为仲裁庭处理案件的依据？

随着人类文明的不断进步和发展，全人类越来越意识到保护自然和文化遗产的重要性。在上述案件中，国家为保护自然遗产的公共目的而采取的征收或其他限制措施往往会影响投资活动的进行，甚至给外国投资者带来巨大的经济损失，造成了不同国际义务的冲突。在国际仲裁案件中，对于这些与投资条约义务发生冲突的非投资国际义务，外国投资者并不会请求仲裁庭予以适用，因为这些非投资国际义务可能会弱化他们依投资条约所享有的优势法律地位，而被诉的投资东道国却可能援引这些非投资国际义务来抗辩外国投资者的赔偿请求。❶ 然而，在近来的国际投资仲裁案件中，仲裁庭则表现出了倾向于维护投资者利益的趋势。

仲裁庭对投资者私人权利的保护无可厚非，但是自然遗产作为大自然馈赠给人类的最宝贵的财富，其不可再生性和唯一性决定了其不可估量的经济价值、生态价值、科学价值和人文价值。自然遗产不仅仅体现着一国的利益，更体现着全人类的共同利益，因此在注重保护投资者私权利的同时，更不能忽视对东道国公权力的保护，这就要求国际投资仲裁庭在裁决与国家保护自然遗产的非投资国际义务有关的投资争端时，应合理地适用有关的非投资国际义务，以其作为免除或减轻东道国违反投资条约义务的国家责任的合法依据，从而实现维护公共利益与外国投资者私人财产利益在国际投资仲裁中的适当衡平。❷

---

❶ ANNE VAN AAKEN. Fragmentation of International Law: The Case of International Investment Law[J]. Finnish Yearbook of International Law, 2008 (XVII): 99-130.

❷ 张光. 论国际投资仲裁中非投资国际义务的适用进路[J]. 现代法学, 2009 (7): 122.

在国际投资仲裁案件中，仲裁庭在处理争端的实体问题上，往往会根据双方当事人选择的实体法或相关冲突规则来作为解决纠纷的依据。如果国家的非投资国际义务可以适用的话，那么适用的依据是什么？笔者认为可以从以下几个角度来考量。

首先，从国际强行法的角度。国际强行法是国际法上一系列具有法律拘束力的特殊原则和规范的总称，这类原则和规范由国际社会成员作为整体通过条约或习惯以明示或默示的方式接受，并承认具有绝对强制性，且非有同等强行性质之国际法规则不得予以更改；任何条约或行为（包括作为与不作为）如与之相抵触，归于无效。虽然目前对哪些国际法规则属于强行法还没有一致的意见，但根据联合国国际法委员会的列举，至少有以下国际强行法规则：禁止使用武力；对国际法上犯罪行为的禁止；对奴隶买卖、海盗行为和灭绝种族行为的禁止；人权的尊重、国家平等和自决原则。❶

对于自然遗产的保护是否属于强行法的内容呢？众所周知，人权不仅包括经济权利、社会权利，也包括文化权利。有学者认为，文化权不仅包括对文化自由的尊重，更包含对自然和文化遗产的保护，因为这些自然遗产和文化遗产是人类文明和精神的体现，对人类的尊严也具有重要意义。❷也有学者认为，由于自然遗产具有巨大的历史价值和文化价值，是人的文化权的体现，是人权的一部分，因此当经济建设可能对自然遗产构成威胁时，出

---

❶ 詹宁斯，瓦茨. 奥本海国际法［M］. 9版. 王铁崖，等，译. 北京：中国大百科全书出版社，1995：5.

❷ JESSICA ALMQVIST. Human Rights，Culture，and the Rule Of Law［M］. Oxford：Hart Publishing，2005：217.

于对人权的保护，应对该经济建设行为加以限制。❶特别是一些自然遗产与文化遗产位于土著居民的部落当中，这些自然与文化遗产更是与这些土著居民的生活方式、信仰、习惯及子孙后代未来的发展息息相关，因此对自然遗产和文化遗产的保护体现了对这些土著居民人权的尊重和保护。

国际强行法规则体现了对全人类基本利益的维护，在国际投资仲裁案件中无疑是可以直接适用的。当外国投资者的投资活动威胁到东道国自然遗产与文化遗产的存在时，这不仅仅是对东道国人民文化权的挑战，也是对全人类共同利益的挑战。因此，东道国可以基于国际强行法规则对投资者加以限制，仲裁庭也应当考虑东道国的非投资国际义务。

其次，从国际投资条约的解释方法角度。《维也纳条约法公约》第31条第1款规定：条约应依其用语按上下文并参照条约之目的及宗旨所具有的通常意义，善意解释之。同时，第31条第3款c项又规定，应与上下文一并考虑者尚有适用于当事国间关系之任何有关国际法规则。仲裁庭在解释时除了按照公约第31条第1款规定的方法外，是否应该考虑投资双方可适用的其他国际法规则呢？

以大河企业六国有限公司诉美利坚合众国（Grand River Enterprises Six Nations, Ltd., et al. v. United States of America）案❷为例。大河企业是加拿大的一家烟草开发公司，其在美国有一定

---

❶ MEHMET KOMURCU. Cultural Heritage Endangered by Large Dams and Its Protection under International Law[J]. Wisconsin International Law Journal, 2002（20）：15.

❷ U. S. Department of State[EB/OL].（2006–07–20）[2020–03–17]. https://2009–2017. state. gov/documents/organization/69499. pdf.

的投资产业。1998 年美国政府颁布了相关规定，要求烟草公司缴纳一定的金额用来保护环境和公共健康。大河企业认为，美国政府的规定违反了 NAFTA 第 1105 条有关最低待遇标准的规定，构成了征收，因而提起仲裁，要求美国政府赔偿其损失。在此案当中，当事国提出在解释 NAFTA 第 1105 条的规定时应当考虑国际法的各种渊源，包括国际条约、一般规则和国际惯例。❶ 根据世界卫生组织的报告，烟草是引起死亡的第二大诱因。而根据世界卫生组织《烟草控制框架公约》(the Framework Convention on Tobacco Control，FCTC) 的规定，各缔约方有义务实施烟草控制措施的框架，以便使烟草使用和接触"二手烟"频率大幅度下降，从而保护当代和后代人免受烟草对健康、社会、环境和经济造成的破坏性影响。尽管加拿大已经批准该公约生效，但美国政府只是签订了该条约，尚未批准生效，由此产生的问题是 FCTC 能否成为仲裁庭处理该案的依据？能否根据 FCTC 来判断美国政府的限制措施是否违反了 NAFTA 第 1105 条的规定？

在国际投资仲裁案件中，仲裁员往往只考虑双方的国际投资协定而忽视了国际法。有学者认为投资东道国给予外国投资者的"公平和公正待遇"保护，也可以被解释为同时要求外国投资者承担一定的义务，包括不得从事违背良心道德行为的义务。❷ 这使以其他国际义务的角度来解释国际投资条约具有了可能性。有的学者甚至直接指出仲裁员有责任用国际法来解释国际投资协

❶ 参见Grand River Enterprises Six Nations，Ltd.，et al. v. United States of America.

❷ PETER MUCHLINSKI. Caveat Investor? The Relevance of the Conduct of the Investor Under the Fair and Equitable Treatment Standard[J]. 2006（7）：567–598.

定，应考虑在投资缔约双方之间可适用的任何相关国际法规则，应采用系统的解释方法。❶根据这一观点，仲裁庭在处理国际投资仲裁案件时，可以适用投资缔约双方可适用的有关自然遗产保护的国际法规，并用这些法规来解释缔约双方的投资义务。

再次，从对国际社会整体的义务角度。对国际社会整体的义务，是指一国对所有国家、整个国际社会而承担的义务，其不同于一国对某个特定国家或对象承担的义务，对国际社会整体的义务所对应的权利主体是所有国家、全人类和整个国际社会。❷2001年第53届国际法委员会终于完成了国家责任条款草案的二读审议，草案中提到了对国际社会的整体义务，且认为其越来越重要。早在1997年的多瑙河水坝案中，国际法院副院长卫拉曼特雷法官就曾指出："我们已经进入一个国际法的时代。在这个时代，国际法不仅促进单个国家的利益，而且超越它们和它们的地方性利益，着眼于更大的人类的和行星的福利。在对付这种超越诉讼国的个别权利和义务的问题时，国际法的视线需要超出为纯粹当事人之间诉讼确定的程序规则。当我们进入这个实现'对国际社会整体'而非'当事方之间'规则的义务的领域时间，以个体的公平和程序的合法为基础的规则可能是不充分的了。"❸2001年的国家责任条款草案进一步发展了这一理论，给予对国际社会整体义务特别突出的地位，各国已经开始意识到对国

❶ VALENTINA SARA VADI. Cultural Heritage and International Investment Law: A Stormy Relationship[J]. International Journal of Cultural Property，2008（15）：13.

❷ 王秀梅. 论国际法之"对国际社会整体的义务"[J]. 河南政法干部管理学院学报，2007（4）：170.

❸ 邵沙平，余敏友. 国际法问题专论[M]. 武汉：武汉大学出版社，2002：280.

际社会整体义务的重要性。

保护自然遗产和文化遗产是全人类的共同责任，体现着全人类的共同利益。各个国家保护自然遗产的义务，无疑属于对国际社会整体的义务。当保护自然遗产的对国际社会的整体义务与国际投资条约义务发生冲突时，对国际社会的整体义务能否优先于国际投资条约义务呢？值得注意的是，在 2006 年美洲人权法院裁决的"Saw hoyamaxa 印第安社区诉巴拉圭政府案"❶ 中，当巴拉圭政府以其与德国的 BITs 中的义务抗辩印第安社区依《美洲人权公约》提起的诉讼时，法院认为，"《美洲人权公约》是一个为每个人产生权利的多边国际人权公约，它处在自己应有的等级上，完全不依赖于国家间的互惠"❷。美洲人权法院的立场，强烈地透露出普遍性的或多边的国际条约义务优先于互惠性的投资条约义务的信息。

最后，从公共利益的角度。自然遗产保护的国际投资涉及重大的公共利益，因此在国际投资仲裁中，对公共利益的考量是重要内容之一。然而在实践中，往往造成对公共利益的忽视、漠视，甚至损害，而国际投资自由化的浪潮更加剧了这种情况。在国际投资仲裁中，仲裁庭的管辖来源于当事方的授权，因此在裁决中无须像国内法院的法官般整合广泛的社会利益，而只是狭隘地考虑对其授权的当事方的利益即可。国际投资仲裁员在价值取

---

❶ 在该案中，印第安社区根据有关土著人权利保护的国际人权公约，要求巴拉圭政府归还已为德国投资者所有的原属于印第安社区的土地，巴拉圭政府以其与德国的BITs中保护投资的条约义务进行抗辩，美洲人权法院没有支持巴拉圭政府的抗辩理由。参见The Sawhoyamaxa Indigenous Community v. Paraguay，Judgment of March 29，2006.

❷ 张光. 论国际投资仲裁中非投资国际义务的适用进路[J]. 现代法学，2009（7）：124.

向上更强调私有财产权神圣不可侵犯，经常忽视公共利益的正当性，仲裁员出于保护私有财产权的思维定式，往往倾向于加重东道国的条约义务。❶

基于上述原因，现行国际投资仲裁制度对于东道国保护自然遗产与文化遗产、保护环境都将产生挑战，给东道国维护公共利益带来了负面效应。值得注意的是，国际投资仲裁机构已经意识到了这些问题。2005 年 12 月，在国际投资争端解决中心（ICSID）、经济合作发展组织（OECD）、联合国贸易与发展会议（UNCTAD）共同主持召开的"充分利用国际投资协定：我们的共同议程"研讨会上，"投资者与国家争端解决：平衡投资者的权利与公共利益"被列为第一个研讨专题。❷ 在之后的一些国际投资仲裁中，仲裁庭已经开始考虑东道国不履行投资条约义务的真正动机和目的。在 2005 年的"梅赛尼斯诉美国"（Methanex Crop. v. United States of America）案 ❸ 中，仲裁庭认为，虽然东道国按照正当程序所采取的限制措施对外国投资者的利益带来了影响，但是东道国政府是出于公共的目的，因此不构成征收，也无须赔偿外国投资者的损失。

可以说，在与自然遗产相关的国际投资争端案件中，仲裁庭应当考虑东道国的目的和动机，如果东道国是为了保护自然遗产

---

❶ 这些条约义务尤其指不得非法征收的义务，给予外国投资者公平、公正待遇的义务，给予外国投资者国际法最低标准待遇的义务，给予外国投资者最惠国待遇的义务。

❷ 参见 Possible Improvements of the Framework for ICSID Arbitration.

❸ ICSID Case，Methanex Crop. V. United States of America[EB/OL].（2004-07-21）[2020-03-17]. http://www.iisd.org/pdf/2003/trade_methanex_background.pdf.

的公共目的而采取的限制措施，那么东道国的非投资国际义务可以对抗投资条约义务。

（二）协商与调解

近年来，除了选择仲裁来解决与自然遗产保护相关的国际投资争端外，协商与调解等其他替代性争议解决方式也成为解决争端的重要手段。

以艾缪斯教堂（Emmaus Church）案❶为例。艾缪斯教堂是德国境内一座拥有 750 年历史的石头砌成的恩马斯特风格的教堂，被列为世界文化遗产。美国投资者在教堂附近的区域进行煤矿开采，使得艾缪斯教堂面临被污染和破坏的危险。最后双方经过协商决定，美国投资者同意负责将教堂迁移至附近的城镇。通过协商解决的方式，既使教堂得到了保存，又使美国投资者可以继续其开采活动，达到了双赢的目的。同样，在另一个关于美国黄石公园的案例中❷，外国投资者在黄石公园的边界开采金矿，给公园的环境和园区内的动植物物种带来了潜在的威胁。黄石公园是世界自然遗产之一，为了保护黄石公园，美国政府与外国投资者进行了协商，最后外国投资者将开采工程转移至其他区域。在这一案例中，协商解决争端的方式，同样使双方达到了双赢的目的。

调解也是用来解决与自然遗产保护相关的国际投资争端的重

❶ A Holy Journey: Church Moved to Make Way for Coal Mine[EB/OL].（2007-10-24）[2020-07-07]. http://www. spiegel. de/international/germany/a-holy-journey-church-moved-to-make-way-for-coal-mine-a-513286. html.

❷ VALENTINA SARA VADI. Cultural Heritage and International Investment Law: A Stormy Relationship[J]. International Journal of Cultural Property, 2008（15）: 7.

要方法之一。在协商解决的过程中，双方经常为了各自的立场和利益各持己见、争执不下。这时可以由与双方没有利害关系的第三者参与解决争议，根据争议双方当事人的请求，按照当事各方约定的程序查明争议的事实，通过对争议双方面对面或是背对背的调解，协助双方分析争议问题，协调双方的分歧，从而找到妥善的解决方案。以哈德逊河和风暴王山（Storm King Mountain and The Hudson River）案 ❶ 为例。在该案中，纽约一家颇具影响力的电力公司爱迪生联合电气公司（Consolidated Edison）提出要在位于纽约市北面著名的哈德逊河上的风暴王山上建造一座水电站，以缓解纽约城电力使用高峰期的供电压力。当地一些居民持反对态度，认为该工程的建设将会对具有重大历史、文化、自然价值的哈德逊高地造成损害。❷ 然而，联邦电力委员会在举行公开听证会之后，批准了该工程。于是，当地一环保协会以联邦电力委员会没有按照《联邦电力法》（1920 年）的规定履行其职责保护公众利益、没有充分地考虑与公众利益相关的所有因素为由向第二巡回上诉法院提起了对联邦电力委员会的诉讼。在长达十几年的诉讼大战未果后，双方最终通过调解的方式，使这场耗资巨大的争议得到了解决。

　　同样，作为替代性争议解决方式，在解决与自然遗产保护相关的国际投资争端中，与仲裁相比，协商和调解具有以下优势：一是节约时间和金钱成本。仲裁往往需要大量的时间，而且经常需要昂贵的仲裁费用，这既增加了双方当事人的负担，也不

---

❶ 参见Scenic Hudson Preservation Conference v. Federal Power Commission，354 F. 2d 608，612–13（2d Cir. 1965）.

❷ 该工程需要对该山的山顶进行改造，并在居民区中开辟一条38.1米宽的道路以便电力通过一条距地面45.72米高的输送线传送到纽约市。

利于争议的迅速解决，而协商和调解可以使双方直接进入问题的关键，节约成本，又具时效性。二是保证解决争端的专业性。仲裁员通常不具有审判自然遗产与文化遗产纠纷、环境纠纷所需要的专业知识。在国际投资仲裁中，双方当事人往往选择国际仲裁机构来解决争端，仲裁员虽然普遍具有良好的法律、经济知识背景，但自然遗产及环境保护涉及的专业技术性问题，仲裁员很难对此进行处理。而在协商和调解过程中，一些专业的自然遗产与文化遗产保护组织及环保组织可以介入其中，从而保证了争端的正确解决。三是保证争端解决的公正性。虽然仲裁机构作为独立的第三方可以保证其所作出的裁决是公正、公平的，然而在国际投资仲裁中，情况却略有不同。在国际投资仲裁中，争端的双方经常是发达国家的投资者与发展中国家或不发达国家，这些发展中国家或不发达国家为了吸引外资，往往降低环境方面的市场准入标准，这就给自然遗产带来了潜在的威胁。而发达国家的投资者为了获取利益的最大化，经常不顾发展中国家在自然遗产保护方面的需要，从事高污染、破坏性强的作业。在这种情况下，由于双方的不平等地位，很难保证仲裁庭的裁决是公正、公平的。而采取协商或调解的方式，使得双方当事人，可以平等地交换意见，表达自己的声音。四是协商和调解可以使双方当事人达到双赢。仲裁往往以一方当事人的请求得以实现为结局，而协商和调解则可以平衡双方当事人的利益，实现共赢的局面。

此外，笔者认为无论是仲裁，还是协商和调解都不是解决与自然遗产保护相关的国际投资争端的唯一手段，替代性争议解决方式的共融性，使得双方当事人可以同时使用多种机制。❶ 例如，

---

❶ 郭玉军，甘勇. 美国选择性争议解决方式（ADR）介评[J]. 中国法学，2000（5）：129.

在仲裁中仲裁员可能为了当事人的利益对当事人进行调解，使其自行解决争议。因此，双方当事人可以综合使用争议解决方式，以达到最优化解决争端的目的。

四、文化例外条款设立的必要性

随着与自然遗产保护相关的国际投资仲裁案件不断增加，学者们开始考虑能否将自然遗产与文化遗产保护也纳入国际投资协定中来。由此，有学者提出了在国际投资协定中设立"文化例外"条款 ❶ 来免除当事国因保护自然遗产和文化遗产而产生的责任。例外条款，又称保护条款、免责条款、防卫条款、免除条款。

保护自然遗产与文化遗产已成为 20 世纪 90 年代以后国际社会的一项重要议题，为了自然遗产和文化遗产能够可持续发展，有必要立即禁止或限制各类对自然遗产造成损害的投资活动。如果片面强调投资活动自由化而忽视对自然遗产的保护，将会导致环境污染、生态破坏，甚至自然遗产的不复存在。因此，文化例外条款允许东道国为保护自然遗产可以暂时停止履行国际投资条约义务，这实际上是承认了自然遗产保护政策利益的合法性。

值得注意的是，在泛太平洋战略经济伙伴关系协定（Trans-Pacific Strategic Economic Partnership Agreement，TPP）中，已经出现了文化例外条款"要求无论货物贸易还是服务贸易必须保护

---

❶ VALENTINA SARA VADI. Cultural Heritage and International Investment Law：A Stormy Relationship[J]. International Journal of Cultural Property，2008（15）：15.

特定区域的历史的、人文的价值"❶。其实，在实践中，文化例外条款早已出现，只是其内涵和外延有所不同。文化例外条款是近年来国际贸易谈判中的一个重点，它涉及各国的文化产业和贸易政策。法国、英国、加拿大等国在国际谈判中提出文化例外，其内容要求文化产品和服务不得纳入一般商品贸易范畴，并强调文化产品的文化属性，将其与一般商品区分开。❷这是针对美国的文化政策而提出的。而在 2007 年的美国联合包裹服务公司诉加拿大（United Parcel Service of America v. Government of Canada）案 ❸ 中，美国认为加拿大的出版协助计划对美国投资者构成了阻碍，因而提起了仲裁。加拿大根据文化产业例外条款主张豁免，最后仲裁庭支持了加拿大的主张。据此，学者们主张，自然遗产与文化遗产的保护是人类文化权的一部分，应当扩大文化例外条款的解释，其中的文化不仅指文化产品、文化产业，也应当包括自然遗产与文化遗产。❹

　　贸易自由化与投资自由化是当今世界的主题之一，而文化保护条款在某种程度上会限制投资自由化。自然遗产保护的目标要求国家通过某种措施，以对投资自由实行必要程度的限制，而投

---

❶ Trans-Pacific Strategic Economic Partnership Agreement[EB/OL].（2005-07-18）[2020-03-17]. http: //www. sice. oas. org/Trade/CHL_Asia_e/ TransPacific_ind_e. asp.

❷ 宋蒙. 从"文化例外"看当前深化文化体制改革中的几个问题[J]. 东南大学学报，2009（1）：23.

❸ 参见 United Parcel Service of America Inc. v. Government of Canada, ICSID Case No. UNCT/02/1.

❹ VALENTINA SARA VADI. Cultural Heritage and International Investment Law：A Stormy Relationship[J]. International Journal of Cultural Property, 2008（15）：15-16.

资自由化则力求尽可能地减少国家的管制和干预。既然如此，为什么学者还会主张文化例外条款呢？首先，从客观上看，是因为投资活动对自然遗产的负面影响。文化例外条款的设立不是因为投资对自然遗产保护的积极作用，而是因为投资开发活动引起了现实环境的退化或破坏，以及自然遗产保护区内珍稀濒危物种多样性的丧失。其次，从主观上看，是因为人们观念的转变。近些年来，人们越来越意识到保护自然遗产、与自然和谐相处、可持续发展的重要性，人们在思想价值观念上的转变是推动文化例外条款出现的主观动因。最后，文化保护条款可以成为贸易保护的一种手段。随着全球贸易自由化进程的加快，国际贸易中的关税壁垒正被逐步取消，传统非关税壁垒的范围正在逐步缩小。在这种情况下，借助文化例外条款可以使环保技术更强、实力更优的投资者进入东道国市场。

文化例外条款为东道国提供免责依据的同时，也有可能成为东道国权力滥用的工具。为了保护外国投资者的利益，使文化例外条款发挥应有的功效，应当关注东道国设立文化例外条款的动机，即出于保护自然遗产与文化遗产这一公共利益的需要。

第二节　水利建设中的自然遗产保护*

1959年，埃及政府打算修建阿斯旺大坝，但这可能会淹没尼罗河谷里的珍贵古迹，如阿布辛贝神殿。如果水坝的建设者不采

---

* 本节主要内容已发表。见马明飞.水利建设中自然遗产的法律保护[J].海南大学学报，2011（5）.

取任何举措，那么水坝建成之日，就是神殿灭顶之时。于是，埃及政府向联合国发出拯救神殿的呼吁。1960年，联合国教科文组织发起了"努比亚行动计划"，这也是人类历史上首次联合保护自然与文化遗产的行动。阿布辛贝神殿和菲莱神殿等古迹被仔细地分解，然后运到高地，再一块块地重装起来，这次行动成功地挽救了阿布辛贝神殿等古迹。对自然遗产来说，道路建设的负面影响在于人为地割裂了遗产地的生态联系，导致遗产地破碎化、孤岛化；大坝建设则直接破坏了河流长期演化形成的生态环境，带来水质恶化、鱼类洄游受阻、地质灾害等一系列问题。❶1972年，联合国教科文组织通过了《世界遗产公约》，向世界呼吁世界遗产是人类历史的精华，不可复制、不可再生，在它受到威胁之前，就应当建立起有效的制度，将它保护起来。可以说，《世界遗产公约》的诞生，与阿斯旺大坝事件有着直接的关系，从它问世的第一天起，就注定自然遗产保护与水利建设问题密不可分。本节将以葛兰峡谷水坝与科罗拉多大峡谷、土耳其东南部安纳托利亚水利工程建设为例，对水利建设中的自然遗产保护进行分析。

一、美国葛兰峡谷水坝与科罗拉多大峡谷

（一）背景介绍

举世闻名的大峡谷位于美国西部亚利桑那州西北部的凯巴布高原上，由于科罗拉多河穿流其中，故又名科罗拉多大峡谷，它是被联合国教科文组织划为受保护的自然遗产之一。大峡谷是科罗拉多河的杰作，这条河发源于科罗拉多州的落基山，洪流奔

---

❶ 潘运伟，杨明，刘海龙. 濒危世界遗产威胁因素分析与中国世界遗产保护对策[J]. 人文地理，2014（1）：30.

泻，经犹他州、亚利桑那州，由加利福尼亚州的加利福尼亚湾入海，全长 2320 千米。由于科罗拉多河的长期冲刷，有时开山辟道，有时让路回流，在主流与支流的上游就刻凿出黑峡谷、峡谷地、格伦峡谷、布鲁斯峡谷等 19 个峡谷，而最后流经亚利桑那州多岩的凯巴布高原时，更出现惊人之笔，形成了这个大峡谷奇观，成为这条水系所有峡谷中的"峡谷之王"。

近一百年来，美国地方政府和国会一致认为，除了可供农业灌溉和水力发电之外，这些丰沛的水资源可以引入湖泊，成为颇具吸引力的观光资源，同时这些湖泊还具有调节水量的功能。于是，经过 6 年的努力，大峡谷的上游建立了葛兰峡谷水坝。大坝建好后开始关闸蓄水，由此形成了鲍威尔湖。由于此湖体积巨大，一直蓄水 17 年，直到 1980 年才将此湖添满，鲍威尔湖成为美国第二大人工湖。

水坝建成后发挥着水利调节和水力发电的作用。1972 年，在此建立了葛兰峡谷国家旅游度假区，开发了很多水上运动，加上大湖两岸风光，使其成为名副其实的度假胜地。然而，20 世纪 70 年代以来，水坝却成了批评的焦点。水坝的蓄水打乱了保持生态平衡的大自然涌旱规律，更导致无数的鲑鱼因为无法入海而死亡。此外，多年来葛兰峡谷大坝一直使大峡谷内部分河道因为断流而淤塞，情况日益恶化。

（二）美国现有相关立法与司法的局限性

1. 立法情况

①《国家公园管理组织法》(*The Organic Act of National Park Service*)。

1916 年以前，美国已经建立了 15 个国家公园和 21 处国家纪念地，但是还没有独立的机构来对其进行管理。❶1916 年，议会通过了《国家公园管理组织法》，授权国家公园管理局作为唯一的管理机构来管理属于国家公园、纪念地和保留地的土地。尽管国家公园管理局得到了法律上的授权，然而该法仍有两个问题未做出解答：第一，该授权是否可以延伸到国家公园地域范围内的所有公有和私有财产？第二，该授权是否可以延伸到国家公园地域外的公有和私有土地？❷根据美国宪法中财产权条款的司法解释，国家公园管理局的法定授权可以延伸至国家公园领域内的公有和私有财产，但是对于第二个问题，仍然无法从法律上找到可适用的依据。❸这就造成了在管理国家公园附近的土地时，国家公园管理局不得不和其他联邦机构就管理权发生争夺。

也正因如此，在保护大峡谷的过程中，就峡谷外土地的使用，国家公园管理局与其他联邦机构关注的利益侧重点不同，而国家公园管理局又无权强制要求其他机构履行保护大峡谷的义务，《国家公园管理组织法》对此问题没有明确规定，也没有任何修正案来解决这一问题。❹由于法律对此没有明确的授权，因

---

❶ CLAYTON L RIDDLE. Protecting the Grand Canyon National Park From Glen Canyon Dam：Environment Law at Its Worst[J]. Marquette Law Review，1993（77）：5.

❷ 同❶16.

❸ BLAKE SHEPARD. The Scope of Congress' Constitutional Power Under the Property Clause：Regulating Non-Federal Property to Further the Purposes of National Parks and Wilderness Areas[J]. Boston College Environmental Affairs Law Review，1984（11）：13.

❹ JULIE A，BRYAN. The National Park Service Organic Act Prohibits Turning the Doorstep of Canyonlands National Park into A Nuclear Wasteland[J]. Energy Law Policy，1986（7）：103.

此议会并没有打算限制国家公园领域范围外的活动。法律上的不明确规定，导致尽管葛兰峡谷大坝对大峡的生态环境构成了威胁，但由于没有法律上的授权，国家公园管理局对此也无可奈何。

②1902 年《土地复垦法》(*The Reclamation Act*)。

1902 年制定的《土地复垦法》为美国西部干旱地区的"土地复垦"提供用于灌溉和在河流上建立水坝的资金。该法指出其目的在于合理蓄存、分流和管理水资源，以用来灌溉土地。随着水资源利用的不断发展，该法也经过了数次的修正。1956 年，《科罗拉多河蓄水工程法》(*The Colorado River Storage Project Act*) 得以通过，明确指出"为了合理的利用科罗拉多河上游的水资源，管理科罗拉多河的水域，建立科罗拉多蓄水工程，工程的目的在于控制洪水、蓄水灌田、发电，且该工程仅为了上述目的"❶。

正如 1956 年《科罗拉多河蓄水工程法》所表述的那样，大坝的建设是为了合理分配和利用水资源，且仅为了这一目的。由于该法通过时位于大坝附近的彩虹桥国家纪念地受到威胁，因此，该法明确指出大坝建设过程中必须采取相应的措施保护彩虹桥国家纪念地。同时，也由于《科罗拉多河蓄水工程法》通过时并没有预见大坝可能对大峡谷造成的潜在威胁，所以并没有相关保护大峡谷的规定，令人遗憾。

③1969 年《国家环境政策法》(*National Environment Policy Act*)。

《国家环境政策法》是美国 1969 年通过的一部环境保护方面

---

❶ 参见Colorado River Storage Project Act，43 U. S. C. 620.

的基本大法。它要求美国任何机构在采取对人类的环境质量有重大影响的行动前，都必须对可能造成的环境影响进行充分评估。这一法律的颁布对国家公园管理局影响重大，它要求国家公园管理局综合考虑联邦各项法律再作出决定，但是该法并不是针对国家公园体系而定的，这就使得它在适用上大打折扣。

此外，虽然该法要求对可能影响人类环境质量的行动进行评测，但评测的标准却没有明确的规定。在葛兰峡水坝的建设过程中，其耗时 6 年，工程庞大复杂，而且大峡谷周边的生态环境又极具多样性，这也给评测带来了难度，甚至有些影响的评测在当时是无法完成的。在这种情况下，根本不可能对葛兰峡大坝建成后对生态环境的影响做出正确的判断。因此，1969 年的《国家环境政策法》在葛兰峡水坝建设过程中发挥的作用微乎其微。

2. 司法限制

在 1891 年的奈特诉美国土地协会（Knight v. United States Land Ass'n）案❶中，美国最高法院认为该案中所涉及的土地为公共保留地，管理机构有法律义务和责任对其进行保护，威胁该保留地生存的行为应当被予以禁止。然而，随着经济的不断发展，相关案件所涉及经济数额已经不像当年那样微小，如果为了保护自然遗产而对经济活动进行限制的话，可能会带来巨大的经济代价和损失。这一客观事实的变化，也影响了美国法院在处理相关案件时的态度。在塞拉俱乐部诉安德鲁斯（Sierra Club v. Andrus）❷和塞拉俱乐部诉安德鲁斯（United States v. County

---

❶ 参见Knight v. United States Land Ass'n，142 U. S. 161（1891）.

❷ 参见Sierra Club v. Andrus，487 F. Supp. 443（D. D. C. 1980），aff'd，659 F. 2d 203（1981）.

Board）❶ 两个案例中，法院则采取了相反的态度。以塞拉俱乐部诉安德鲁斯案为例，尽管法院认为国家公园管理局有权保护水资源，但是对相关私有土地上的经济行为的限制活动会造成巨大的经济损失和代价，因此法院并没有禁止任何相关经济活动。

当经济利益与保护自然遗产的公共利益相冲突时，美国法院在作出判决时不得不考虑经济利益的大小。在 1891 年的奈特诉美国土地协会案中，当时涉案金额为 600 美元，尽管这一数额在当时也是很大的，但是现在所涉及的金额已经是这个数字百倍、千倍，甚至更多。法院不得不考虑禁止或取消该项经济活动所带来的经济损失和社会后果。因此，即使这一经济行为严重威胁到了自然遗产的保护，法院也只能要求其做出一些改进措施或经济补偿，然而这对于自然遗产保护来说，显然是只能治标，不能治本。葛兰峡水坝的建设耗资上亿美元，法院不可能为了保护大峡谷而作出拆除水坝的决定，这就使国家公园管理局在保护大峡谷上得不到有效的司法支持。

（三）解决问题的可能性措施

1. 不同管理机构的合作

国家公园管理局与其他联邦土地管理部门的有效合作是解决葛兰峡水坝与大峡谷冲突的有效途径之一。❷ 然而，考虑到不同管理机构的性质，他们各自在立场和价值取向上均有所不同，这也给合作带来了一定程度的困难。大峡谷国家公园负责人鲍

---

❶ 参见 United States v. County Board，487 F. Supp. 137（E. D. Va. 1979）.

❷ GEORGE C COGGINS. Protecting National Park Resources：Wildlife in External Development Affecting the National Parks[J]. Land & Water Law Review，1997（22）：20.

勃·钱德勒指出，保护大峡谷的自然资源是第一位的，而发电和蓄水则是第二位的。❶ 土地开发局新闻发言人巴里·沃思则认为，站在开发局的立场上，必须综合考虑能源的利用、生态的损失、野生动物的栖息地，但显然能源的利用更为重要。❷ 两个管理机构由于工作重心不同，关注的利益也有所区别，但是两者都对大峡谷国家公园的保护起着不可估量的作用。因此，在未来如何将两者的职能有机结合起来，建立一套行之有效的合作框架，可以说是解决葛兰峡水坝与大峡谷保护冲突的关键。

2. 不同管理机构的重组

鉴于上述国家公园管理局与开发局在合作上的障碍，有学者提出对现有的大峡谷管理机构进行重组，对大峡谷和葛兰峡水坝的管理权进行重新授权或者建立一个全新的管理机构对两者进行管理。支持对管理权进行重新分配的学者们认为，既然国家公园管理局与开发局无法达成共识，那么可以将葛兰峡水坝与大峡谷的管理权授予两者之一，由国家公园管理局或开发局对其进行全权管理。❸ 这一模式的最大优势在于避免了二者在管理权上的冲突，然而在实践中，却带来了许多问题。首先，国家公园管理局与开发局同时管理可以实现有效的相互监督和相互竞争，而将权力完全归于一者，则失去了二者相互制约的局面；其次，国家公园管理局精通于自然遗产、动植物物种、生态环境与生态平衡的保护，对水力发电与水利调节却并不擅长，开发局却恰恰相

---

❶ CLAYON L RIDDLE. Protecting the Grand Canyon National Park From Glen Canyon Dam: Environment Law at Its Worst[J]. Marquette Law Review, 1993（77）: 122.

❷ 同❶123.

❸ SCOTT K MILLER. Undamming Glen Canyon: Lunacy, Rationality, or Prophecy? [J]. Stanford Environmental Law Journal, 2000（121）: 35–42.

发。因此，要二者之一肩负起管理水坝与峡谷的双重责任，实在是心有余而力不足。支持建立一个全新的管理机构的学者认为，应当在国家公园管理局与开发局之外，设立一个新的、独立的管理机构来专门管理葛兰峡水坝与大峡谷。管理机构可以叫作"大峡谷能源管理局"，由其来负责信息收集、政策制订和执行等职责。❶ 这一方式既可以实现专门管理，又可以实现国家公园管理局、开发局与大峡谷能源管理局三方的相互合作与监督，同时也解决了管理水坝与大峡谷的专业技术问题，不失为一项好的选择。

3. 制定管理葛兰峡水坝与大峡谷的综合性法律

在上述的两种设想当中，建立一个全新管理机构的模式无论在理论上还是在实践中都具有一定的可行性。建立全新的管理机构必然要求有相应的立法对其进行授权，并规定其权利、义务和责任。于是，学者们进一步主张应建立一项专门管理葛兰峡水坝与大峡谷的法律来对这些问题加以明确。而关键的问题在于新立法的指导思想。虽然法院在处理案件时更多地考虑经济活动的损失或代价，但是不能忽略大坝给大峡谷带来的负面影响。虽然对大坝采取限制措施会造成一定的经济损失，但如果不加以限制的话，大坝对大峡谷造成的损失将更大。据统计，每年有 400 万人参观大峡谷，有 22000 人在科罗拉多河进行漂流，这同样是一笔巨大的经济收益，但更重要的是，大峡谷独特的生态环境与人文景观是无法用金钱来计算的，因此学者们主张在立法时不应该只

---

❶ CLAYTON L RIDDLE. Protecting the Grand Canyon National Park From Glen Canyon Dam: Environment Law at Its Worst[J]. Marquette Law Review, 1993（115）: 11.

关注经济利益，应对生态利益、环境利益与人文利益给予更多的关注。❶

二、土耳其伊利苏水坝与哈桑凯依夫古城

（一）背景介绍

幼发拉底河是世界知名的大河，其从北向南横跨西亚大陆，由于北高南低的地理优势，使其蕴含的水能资源为1000~1500万千瓦，可开发的水能资源为500亿千瓦时。幼发拉底河干流年径流量的88%来源于土耳其境内，为土耳其带来了丰富的水利资源。土耳其东南部安纳托利亚项目（简称GAP）是一个集水力发电与灌溉为一体的大型地区性项目，包括22座大坝，19座水电站。该项目关系到幼发拉底盆地及底格里斯盆地地区9个省份的发展，其目标是增强土耳其的能源独立，为土耳其东南部贫困地区提供灌溉和电力，从而促进该地区的经济发展。GAP项目由土耳其国家水利工程总局负责。在该项目将要修建的一系列水坝中，伊利苏水坝是其中争议最多、关注度最高的。

伊利苏水坝的下游是哈桑凯依夫古城，古城已经成为世界古遗迹基金会的100处濒危古迹之一。哈桑凯依夫古城的历史可以追溯到1万多年前，河两岸的石灰岩洞中的考古遗迹可以追溯到新石器时代。亚述、波斯、罗马、阿尤布王朝、拜占庭、蒙古，以及土耳其帝国都曾对这里产生过深远的影响。古城遗址中有清真寺、教堂、公共澡堂、陵墓、宫殿，以及一座建于1116年的

---

❶ JEAN ANN MERCER. Native American Perspectives on the Grand Canyon: The Ethnohistorical Component of GCES[J]. Newsletter, 1992（Spring/Summer）: 23.

古桥。一旦水坝建成，整个古城将被淹没，永远消失。水坝将导致下游水量减少，淤泥积生；同时威胁许多鸟类、鱼类及包括幼发拉底鳖在内的爬行动物的命运。伊利苏水坝对环境造成的影响同样引发了人们的抗议。

尽管批评之声不断，土耳其政府仍然坚定不移地支持伊利苏水坝的实施。土耳其政界人士强调说，圆满地完成该项目对国家的利益有着举足轻重的作用，并驳斥欧洲反对该项目不过是在"政治利益驱使下的"对别国的内政进行干预。目前，这个饱受争议的项目仍在继续进行。

（二）土耳其文化与自然遗产立法情况

1.《土耳其宪法》

1982 年 9 月实施的《土耳其宪法》确立了保护文化与自然遗产的基本原则。在宪法的第 2 章当中，规定了国家具有保护历史的、文化的、自然的财产的权利和责任。在第 63 条中，更加清晰地规定了"国家应当保护历史的、文化的、自然的财产和财富，应当采取支持和促进措施来实现这一目的"❶。根据对第 63 条的解释，该条款不仅确立了保护文化与自然遗产的原则，更强调了国家在保护文化与自然遗产方面的明确责任。依据土耳其的法律规定，自然遗产与文化遗产属于公共领域，归国家所有，但是土耳其的法律当中却没有专门对于公共领域规制的立法，然而在宪法和其他部门法当中却已经明确规定了保护自然和文化遗产是国家的责任。❷

---

❶ Constitution of the Republic of Turkey[EB/OL].（1982–11–07）[2020–03–25]. https://www. ilo. org/dyn/natlex/natlex4. detail?p_lang=en&p_isn=39950.

❷ TUGRUL ANSAY, DON WALLACE. Introduction to Turkish Law[M]. Hague：Kluwer Law International，2011：71.

2.《文化与自然遗产保护法》

1983 年颁布并实施的土耳其《文化与自然遗产保护法》,提供了一个系统保护文化遗产与自然遗产的法律框架。该法明确规定任何威胁文化与自然遗产生存的行为都是违法的。该法授权成立了一个专门进行文化与自然遗产保护的机构——纪念物管理委员会,任何人、任何机构要在文化与自然遗产保护区内进行建设,必须得到纪念物管理委员会的许可,否则将是违法行为。尽管如此,该法还是远远不能满足土耳其保护文化与自然遗产的需要。哈桑凯依夫古城在 1978 年被土耳其政府列入文化与自然遗产保护区,按照《文化与自然遗产保护法》的规定,GAP 工程的建设首先应当得到纪念物管理委员会的允许,然而 GAP 工程是由土耳其政府授权并进行建设的,土耳其政府事先没有征求管理委员会的意见便开始了伊利苏水坝的建设,而纪念物管理委员会明知这一行为违反了法律规定的程序,但由于是政府行为,也无力进行干涉。显然,土耳其政府的这一行为已经逾越法律之上,伊利苏水坝的建设将给哈桑凯依夫古城带来毁灭性的灾难。

1987 年,土耳其对 1983 年的《文化与自然遗产保护法》进行了修改,在保留纪念物管理委员会作为管理机构的同时,又增加了 3 个文化与自然遗产的管理主体,即文化部、环境部与最高议会。根据 1987 年修改后的法律,由这些部门联合起来承担保护文化与自然遗产的责任。❶ 然而有趣的是,恰恰是土耳其的最高议会通过了进行 GAP 水利工程建设的提案。

---

❶ ANN P PRUNTY. Toward Establishing an International Tribunal for the Settlement of Cultural Property Disputes: How to Keep Greece from Losing Its Marbles[J]. Georgetown Law Journal, 1984(3): 55.

（三）土耳其参加的相关国际条约

除了国内立法之外，土耳其还签订了许多保护文化与自然遗产的国际条约，如 1954 年的《关于发生武装冲突时保护文化财产的公约》、1970 年的《关于禁止和防止非法进出口文化财产和非法转让其所有权的方法的公约》、1972 年的《世界遗产公约》。同时，土耳其也加入了欧洲的一些区域性条约，如 1985 年《保护考古遗产的欧洲条约》。根据土耳其宪法第 90 条的规定，土耳其签署的国际条约经批准后生效，并具有土耳其国内法上的效力，因此违反条约义务相当于违反土耳其国内法。❶

1.《世界遗产公约》

《世界遗产公约》第 4 条明确指出，"本公约缔约国均承认，保证第 1 条和第 2 条中提及的、本国领土内的文化和自然遗产的确定、保护、保存、展出和遗传后代，主要是有关国家的责任。该国将为此目的竭尽全力，最大限度地利用本国资源，必要时利用所能获得的国际援助和合作，特别是财政、艺术、科学及技术方面的援助和合作"。第 5 条 a 款同时规定："为保护、保存和展出本国领土内的文化和自然遗产采取积极有效的措施，本公约各缔约国应视本国具体情况尽力做到：通过一项旨在使文化和自然遗产在社会生活中起一定作用并把遗产保护纳入全面规划的总政策。"土耳其在 1983 年 3 月 16 日批准了该条约，作为成员国理应遵守条约义务。然而哈桑凯依夫古城并没有列入《世界遗产名录》，但是哈桑凯依夫古城却具备了成为世界遗产的条件，而且

---

❶ MEHMET KOMURCU. Cultural Heritage Endangered by Large Dams and Its Protection under International Law[J]. Wisconsin International Law Journal, 2002（20）：17.

已经作为候选者提交给了世界遗产管理委员会。❶一旦古城加入《世界遗产名录》，土耳其 GAP 水利工程将违反《世界遗产公约》规定的义务。即使古城现在还没有列入《世界遗产名录》，土耳其 GAP 水利工程也明显违背条约的目的和宗旨。

2. 1985 年《保护考古遗产的欧洲条约》

1985 年《保护考古遗产的欧洲条约》第 5 条规定："当公共或私人或能损坏或毁坏遗产时，应当采取补救措施来保护和拯救遗产。"而这种拯救措施显然在伊利苏水坝设计过程中考虑的是节省时间和经济成本。在伊利苏水坝的建造过程中，补救措施迟迟没有出台。有考古学者指出，只要水坝比计划建设的高度低 5 米，哈桑凯依夫古城将可以得到保存❷。根据美国宇航局的报告指出，截至 2020 年 2 月，大坝后面的水位每天以大约 15 厘米的速度上升，预计在接下来的几个月内将再上升 50 米，足以淹没成千上万的附近洞穴和几乎所有先前被罗马人，蒙古人和塞尔柱克人占领的哈桑凯依夫古城。土耳其政府没有作出采取补救措施的举动。同时条约第 5 条第 4 款规定："采取的补救措施必须是可行的。"有人曾建议效仿阿布辛贝神殿的做法，将其仔细地分解，然后运到高地，再一块块地重新组装起来。但这一做法对于哈桑凯依夫古城不具有可行性。《保护考古遗产的欧洲条约》的第 6 款规定："当某项工程的建设涉及遗产的保护时，该工程应当设立基金作为保护遗产的经济支持。"然而，在伊利苏大坝的建设

---

❶ Operational Guidelines for the Implementation of the World Heritage Convention[EB/OL]. （2002-07-01）[2020-03-23]. http: //whc. unesco. org/ archive/opguide02. pdf.

❷ MEHMET KOMURCU. Cultural Heritage Endangered by Large Dams and Its Protection under International Law[J]. Wisconsin International Law Journal, 2002（20）：17.

过程中，却没有设立任何基金用来保护日后受到大坝影响的自然与文化遗产。

（四）可能性的解决措施

对于伊利苏水坝与保护哈桑凯依夫古城保护之间的冲突，学者们分别从法律、国际合作与经济三个角度提出了解决方案。

1. 从法律的角度

从法律的角度来看，主要有两种观点。一种观点认为，应当建立一个自然遗产争端解决机制来解决大坝建设与保护古城之间的争议。❶无论根据土耳其的国内法，还是依照土耳其签订的国际与区域性条约，伊利苏水坝的建设都违反了土耳其应当保护自然与文化遗产的国家或国际义务。然而从国内法的角度来看，国家是法律的制定者，伊利苏水坝的建设是政府大力支持并发展的水利工程，国家一方面提倡保护自然遗产，另一方面却进行着破坏自然遗产的行为。从国际法的角度来看，土耳其作为众多文化与自然遗产保护公约的缔约国承担着保护自然遗产的国际义务，然而这些条约在执行机制和惩罚机制方面都存在天然不足，因此其约束力难以得到有效的保证。鉴于上述各种情况，学者们主张建立一个独立于国家之外的自然遗产争端解决机制来专门处理这一类争端，以便解决国内法或国际法都无法约束的尴尬。另一种观点认为，人权不仅包括经济权利、社会权利，也包括文化权利。有学者指出，文化权不仅包括对文化自由的尊重，更包含对自然和文化遗产的保护，因为这些自然遗产和文化遗产是人类文

---

❶ MEHMET KOMURCU. Cultural Heritage Endangered by Large Dams and Its Protection under International Law[J]. Wisconsin International Law Journal, 2000（20）：22.

明和精神的体现，对人类的尊严也具有重要意义。❶ 也有学者认为，由于自然遗产具有巨大的历史价值和文化价值，是人的文化权的体现，是人权的一部分，因此当经济建设可能对自然遗产构成威胁时，出于对人权的保护，应对该经济建设行为加以限制。❷ 据此，学者们主张，国际组织如联合国教科文组织、世界自然保护同盟等可以以违反人权为由对土耳其伊利苏水坝的建设进行干涉。但值得注意的是，这一观点可能会造成对一国内政的不当干涉。

2. 从国际合作的角度

土耳其为了保证经济发展，在最近十年中平均每年要花费 60 亿美元来建造大型发电厂，而土耳其并没有这么多的资金用于发电厂的建设。因此，在伊利苏水坝的建设过程中，土耳其政府不得不向国际货币基金组织、世界银行进行贷款，并以出口信用担保的方式获得了英国、澳大利亚、日本、德国、美国、意大利、瑞典、瑞士和葡萄牙等国的投资。学者们主张，在这些国际机构或国家对土耳其 GAP 水利工程进行投资时，不应当只关注其所带来的经济利益，应当联合联合国教科文组织、世界自然保护同盟对该工程给环境带来的影响进行考察和评估。更重要的是，世界银行要求拟使用世界银行资金的项目进行环境评价，以确保这些项目在环境方面没有问题，而且具有可持续性，以此进行决策。世界银行的环境保护政策包括以下五个方面：环境评价、大

---

❶ JESSICA ALMQVIST. Human Rights, Culture, and the Rule of Law[M]. Oxford: Hart Publishing, 2005: 217.

❷ MEHMET KOMURCU. Cultural Heritage Endangered by Large Dams and Its Protection under International Law[J]. Wisconsin International Law Journal, 2002（20）: 15.

坝安全、林业、自然栖息地和病虫害管理。显然，伊利苏水坝无法满足这一政策的规定。2008 年 12 月，来自德国、瑞士、奥地利三国的投资方因担心该项目未能达到世界银行的环境保护及文化保护标准叫停了该项目的施工。在经过 180 天的审查之后，三方撤回了他们承诺的高达 6.1 亿美元的出口信用，这是伊利苏项目第二次失去国际资助。❶

3. 从经济的角度

自然遗产的保护需要充足的资金作为保障。学者们主张：一方面，政府应当在伊利苏水坝的建设过程中设立相应的资金保护自然遗产。一旦大坝建成，应当每年从其收益当中拿出一部分资金投入到遗产保护之中。另一方面，应大力发展哈桑凯依夫古城的旅游产业。据计算，2006 年有 1600 万人到土耳其旅游，并且这一数目还在不断增长。根据土耳其外汇管理部门的统计，土耳其一年从旅游产业中得到的外汇收入为 80 亿美元，占外汇总收入的 15%。❷ 学者们主张土耳其政府应当从这些旅游收入中拿出一部分投入到自然遗产保护的基金中，为自然遗产保护提供足够的经济支持。

三、大坝建设与自然遗产保护新思维——生态经济学的视角

能源对一个国家的社会经济发展非常重要。当前的能源大多来自矿物燃料，但是这些资源正在枯竭，并且造成了大气污染和气候变化。在许多国家，水电是唯一的自然能源，水电约占世界发电量的 20% 和世界能源总产量的 7%。水电是清洁能源，提高

❶ 伊丽莎白・安吉尔. 伊利苏大坝前途未卜［J］. 中外对话，2009（8）.

❷ Turkey Visitor Arrivals［EB/OL］.（2010–04–03）［2020–07–07］. https://www. ceicdata. com/en/indicator/turkey/visitor–arrivals.

现有电站的发电量不会对环境产生有害影响，水电也是可再生能源。换言之，水电是发展必需的重要能源之一。一方面，我们要建设大坝，利用水利资源来发电；另一方面，我们又要保护受到大坝威胁的自然遗产，难道大坝建设与自然遗产保护就是一对天生不可调和的矛盾吗？

多学科相互之间的交叉与融合，是现代科学发展的一个全新标志。生态经济学就是自然科学和社会科学相结合的产物，它是一门从经济学角度来研究由社会经济系统和自然生态系统复合而成的生态经济社会系统运动规律的科学。它研究自然生态和人类社会经济活动的相互作用，从中探索生态经济社会复合系统的协调和可持续发展的规律性。生态经济学以生态学的标准和要求来判断实践中的经济活动，以人和自然和谐相处为目标，注重经济效益与环境效益的平衡。

传统经济学认为，发展社会生产力、创造物质财富是社会进步最重要的标志之一。在这种思想的指导之下，人们无视大自然的生存和发展规律，重开发、轻保护，结果却遭到了大自然一次又一次的报复。生产力是人类征服自然、改造自然的能力。传统生产力观实质上就是"征服论"，在这一理论下，人与自然的关系是征服者与被征服者的关系。在这一思想的指导下，人们为了经济建设为所欲为地破坏自然遗产，结果导致了许多自然遗产的灭亡。

当我们发现许多自然与文化遗产彻底从这个地球上消失或将要消失的时候，我们开始对传统经济学的观点进行反思：究竟什么样的发展才是科学的发展？经济建设与自然遗产保护能否共生共存？生态经济学理论正是在这一历史背景下产生的。生态经济学认为，人的需要是分层次、多向的。当生产力的发展已经能够满足人类基本的生存需要时，人类的这种分层次、多向的需求就表现得更加突出。人类在渴望物质财富的同时，也越来越多地追求精神文明，越来越意识到自然遗产保护、环境保护的重要性。于是，人类开始反思自己的行动，在利用大自然时，除了经济效益外，开始越来越多地关注生态效益。人类的生态经济学经历了从认识"生态平衡"自然规律到认识"经济与生态协调发展"的生态经济规律，再到进一步认识"经济社会可持续发展"的生态经济规律，这是人们对经济发展中客观规律的逐步认识过程。❶

　　自然遗产是自然资源的集合体，我们在进行水坝建设或其他经济建设时，应当以生态经济学作为指导，除了关注水坝建设可能带给我们的经济效益，更应当关注水坝建设可能带给我们的生态效益。如果水坝建设违反生态规律，即使短时间内能为我们带来一定的经济效益，但未来我们必将受到大自然的惩罚。因此，我们应当坚持"先保护、后建设"的指导思想。凡事预则立，不预则废，只有坚持以生态经济学理论为指导，坚持走可持续发展之路，才能真正确保水力资源的合理利用与自然遗产的永续发展。

第三节　自然遗产保护中的管理体制问题*

　　有效的自然遗产管理体制是实现自然遗产保护的前提和基础。自然遗产管理体制关系自然遗产保护决策的做出、执行和监

---

❶ 李华明. 生态经济学理念与世界自然遗产管理[J]. 社会科学论坛，2005（9）：86.

＊本节主要内容已发表。见马明飞. 自然遗产管理体制的法律思考[J]. 河南省政法管理干部学院学报，2010（2）.

督，也关系自然遗产保护主体、经营模式、权利归属等问题。

虽然世界各国由于不同的国情和文化背景采取的管理体制不尽相同，但无一例外地均建立在良好的法律环境基础之上。良好的法律环境为自然遗产的管理提供了有效的依据，也为自然遗产的管理提供了可靠的保障。世界各国，特别是发达国家，都有完备的自然遗产保护立法体系，这些法律制度对自然遗产管理的主体、管理机构的职责、自然遗产保护区的运营模式等作出了规定，既各具特色，又有许多共同之处。由于自然遗产的独特性和不可再生性，必须建立有效的管理体制对各种破坏行为或潜在的威胁进行约束，完备的法律体系既为其提供了基础，也是一国管理水平的象征。

一、自然遗产管理体制概述

自然遗产管理体制主要涉及自然遗产的权属、自然遗产的管理主体、自然遗产管理的法律体系、自然遗产的经营模式，以及管理经费等方面的内容。自然遗产的权属指自然遗产产权的归属，是存在于自然遗产之上的排他性完全权利。它包括自然遗产的所有权、使用权、经营权、租赁权、抵押权、开发权、处分权和其他权利。自然遗产的权属问题伴随着自然遗产的稀缺性而显得日益突出，权属不清是导致自然遗产管理体制混乱的主要障碍。发达国家的自然遗产保护立法都对权属问题进行了清晰的规定。权属问题的理清，有利于自然遗产管理权、经营权等问题的解决。

自然遗产的管理主体由于自然遗产表现形式的多样性也具有不同的层次结构。自然遗产表现为湿地、森林、地质遗迹、莽原等形式，许多国家设立统一的机构对各种表现形式的自然遗产进行管理，也有的国家针对各种表现形式的自然遗产设立专门的管理主体。同时，有的国家既设有国家自然遗产管理主体，又设有地方管理主体，而有的国家只有国家自然遗产管理主体。不同的管理主体之间既有权力的分配，也可能存在权力的冲突，因此不同管理主体权限的划分，有利于管理机构决策的做出，从而更好地履行职责。

发达国家对于自然遗产的管理强调立法，可以说是立法先行。目前，世界上许多自然遗产大国如美国、澳大利亚等都已建立起了完备的自然遗产管理的法律法规体系。这些发达国家的立法不但内容全面，涉及各种表现形式的自然遗产，而且条款详细，极具操作性。自然遗产管理法律体系的构建有利于厘清各主体的权利义务关系，避免了管理机构执法的随意性，为自然遗产管理提供了完备的法律依据。

自然遗产的经营模式由于管理模式、经营方针、利益分配等因素的影响，也呈现不同的表现形式。目前，世界各国采取的经营模式主要有国家经营、地方经营、承包租赁经营、股份制经营、特许经营、社区参与经营等模式。自然遗产的经营模式关系自然遗产保护区的开发和利用，涉及相关当事人的利益分配与平衡。不同的经营模式虽然各具特点，但也呈现了各自的弊端。寻求最佳的经营模式，可以实现相关当事人的优势互补，在满足各方利益需求的同时，最大限度地保护自然遗产。

二、自然遗产管理体制问题的比较分析

（一）自然遗产的权属

与非物质文化遗产不同，自然遗产属于有形遗产，位于世界

上某一个国家或地区，依据国际私法的物依物之所在地法原则，它们的权利归属应依据所在地国家或地区的法律来判断。

《世界遗产公约》第6条规定，缔约国同意任何遗产资源被视为世界遗产的前提条件是，公约将充分尊重遗产所在国的主权，不对遗产所在国主权施加任何限制和损害，其他缔约国只能在遗产所在国要求的前提下，才能够帮助该国确定、保护和展出该文化和自然遗产。

因此，《世界遗产公约》只限于对世界遗产称号和名额在各主权国家之间的分配和监督世界遗产保护这两个问题上作出直接规定，并不直接规定文化与自然遗产资源在一国主权范围内如何分配及如何使用的问题，但能通过对缔约国施加国际条约义务来间接影响缔约国的国内立法。

目前，世界各国在自然遗产的权属方面，主要有国家所有和国家所有与私人所有相结合两种模式。

国家所有。采取国家所有权属模式的主要代表是埃及，埃及1983年颁布的《文物保护法》明确规定了国家对于自然遗产和文化遗产的绝对所有权，否认私人对自然遗产和文化遗产的所有权。同时，该法还详细规定了国家所拥有的权力，如调查权、禁止交易权、使用决定权、占有权等。

国家所有与私人所有相结合。采取这一模式最典型的国家就是美国。美国的国家公园大多数属于国家所有，也有部分的自然保护地和历史纪念地为私人所有。欧洲许多国家也采取这一模式，即大多数自然遗产归国家或地方所有，少数遗产归私人所有。日本、澳大利亚采取的也是这种方式。

自然遗产的权属问题随着自然遗产的稀缺性显得日益突出。虽然采取第二种模式的国家承认自然遗产为私人所有，但都局限于少数，绝大多数的自然遗产还是归国家所有。笔者认为，自然遗产的公共资源和公共物品性质决定了自然遗产权属的公有性。首先，自然遗产是大自然赋予人类的宝贵财富，是全人类的共同财产；其次，自然遗产不仅属于当代人，更属于我们的子孙后代；最后，自然遗产不可估量的文化价值、生态价值、科学价值，只能由国家来进行保护。因此，自然遗产属于公共物品，是公共的自然资源，其权属应当归国家所有。并非所有的资源都可以通过私人所有权来实现有效的控制，自然遗产既属于自然资源又属于环境资源，由国家来对这些资源进行占有，有利于社会整体对资源的利用作出决策和采取行动。国家可以根据本国和民族的长远利益和社会可持续发展的需要来对自然遗产进行管理，实现统筹规划。

因此，在自然遗产的权属问题上，应为国家所有。但是也应当注意，在实践中一些自然遗产与文化遗产经常位于土著居民生存的部落中，或是与一些宗教团体的活动密切相关，在这种情况下，这些自然遗产除了具有公有性外，更与这些土著部落的生活或宗教团体的活动有最密切的联系。有学者主张，应将这些自然遗产划归所属的土著部落或宗教团体所有，这样更有利于自然遗产的保护。笔者认为，可以采取所有权与经营权相分离的形式来解决这一问题，即规定自然遗产归国家所有，但由这些土著部落或宗教团体进行日常管理和经营。

（二）自然遗产的管理主体

对比主要国家自然遗产管理主体的设置，可以发现，各国均采取设立权力集中的专门管理机构的方式对自然遗产进行管理。自上而下管理体制由国家政府专门设置国家公园的主管部门，负责国家公园的规定、相关管理政策和法律法规的制定、国家公园的

规划、国家公园的运行和管理等事务，主管部门依据情况内设多个事务部门，以各公园为单位下设相应管理处具体执行相关计划。❶

　　发达国家的国家公园大多采取统一部门负责制。据统计，约有 81% 的国家公园由环境或与农业、旅游、自然资源、森林和野生生物管理相关的部门主管。❷ 以美国为例。美国设有专门的国家公园管理局，其地位由 1916 年国家公园管理局组织法、1970年国家公园管理局一般授权法及 1978 年的修正案予以确立❸，上归联邦政府内政部管辖，下设 7 个地区局，各地区局再下辖若干国家公园。全国 360 多个不同类型的国家公园、保护区、历史遗迹纪念地都归国家公园管理局及其分局统一管理。❹ 更为重要的是，美国国家公园管理局地位相对独立，其管理系统自成体系，与其他机构处于平等的地位。这就保证了国家公园管理局的权威性，使其活动不受干涉，从而有效地实现其保护目标。❺ 在角色定位上，美国国家公园的管理者将自己定位于管家或服务员的角色，而不是业主的角色❻，使其在自然遗产的管理过程中更多

❶ 邹统钎，等. 国家文化公园管理模式的国际经验借鉴[J]. 中国旅游报，2019（11）：3.

❷ 张一群. 国家公园旅游生态补偿——以云南为例[M]. 北京：科学出版社，2016：10.

❸ 李汝生. 美国国家公园管理体制[M]. 北京：中国建筑工业出版社，2005：4.

❹ 亚历山大·基斯. 国际环境法[M]. 张若思，编译. 北京：法律出版社，2000：125.

❺ DENISE E ANTOLINI. National Park Law in the U. S.：Conservation，Conflict，and Centennial Values[J]. William and Mary Environmental Law and Policy Review，2009（3）：82–86.

❻ 汪昌极，苏杨. 美国自然文化遗产管理经验及对我国的启示[EB/OL].（2005–08–19）[2020–03–24]. http：//forum. gsean. org/simple/?t2336. html.

是是为自然遗产管理服务，而并非从自然遗产管理中赢利。与美国类似，加拿大❶、韩国❷、日本❸、意大利❹等国都设立了权力集中的管理机构作为本国自然遗产的管理主体。这些国家管理模式的形成，多与其土地所有制、立法体系、原住民参与机制及自然遗产管理发展沿革密切相关。在国家公园的管理问题上，各国都是"一园一主""一地一牌"，基本不存在多头管理问题。❺

在自然遗产管理主体的设置上，应该采取由中央机构"垂直管理"的方式还是由地方政府"分而治之"的方式，一直是理论界争论的焦点。一般来说，当所有权较为单一且为国家政府所有时，管理方式多会采用垂直管理。目前，美国国家公园经过不断的管理实践，逐步形成了联邦政府直辖的"国家公园局——地区局——园长"三级管理体制。多数国家建立了国家和地区国家公园管理局，由国家统一部署，构建由决策者、学者及与自然文化资源密切相关的公众等利益相关者共同参与的智囊团制定统一的

---

❶ 《加拿大遗产部法》规定在联邦政府成立加拿大遗产部，专司全国范围内的自然遗产和文化遗产保护管理工作。

❷ 韩国颁布的《自然公园法令集》第8章规定："受环境部长官的委托，为了保护国家公园内的公园资源，……设立国立公园管理公团，以公团作为法人。"1987年7月1日，韩国成立国立公园管理公团，1991年4月23日管理公团从隶属建设部转为隶属内务部，1998年2月28日又转归环境部。

❸ 日本的国家公园由国家环境厅长官主管，自然保护委员会协管。

❹ 意大利的自然遗产归文化自然遗产部负责管理。1969年，为打击日益猖獗的盗窃和破坏文化与自然遗产活动，意大利政府成立专职文化遗产宪兵部队，这也是目前唯一一支专门负责文化与自然遗产保护工作的武装部队。

❺ 宋瑞. 国家公园治理体系建设的国际实践与中国探索[EB/OL].（2015-02-06）[2020-03-23]. https: //travel. ifeng. com/china/detail_2015_02/06/40466156_0. shtml.

管理机构，避免"条块分割""一地多牌"等多头管理现象。❶ 有学者认为，应当建立专门的中央机构加以管理，避免出现各部分条块管理的冲突；也有学者认为，应当采取以地方政府管理为主的方式，给地方更多的权力，这样更有利于调动地方的积极性。笔者认为，在自然遗产管理主体的设置上，以美国为代表的设立中央机构垂直管理的体制，可以给我们更多的经验和借鉴。首先，由于地方管理机构缺乏独立性，容易受到地方利益的影响，很难保证决策的独立性和公平性。而中央机构垂直管理的方式，可以保证管理主体的独立性。美国除了国家公园管理局外，再无其他中央机构介入自然遗产的保护当中❷，其决策不会受其他机构干扰。其次，采取地方政府分而治之的分式可能会导致对同一遗产的交叉管理，甚至是多重管理，多个管理部门在权力上容易产生冲突。❸ 而垂直管理的方式可理清各权力部门的关系，保证整个管理体制的流畅运行，协调各部门的有效分工，实现效率的最大化。再次，地方政府出于对利益的追求会有一些急功近利的短视行为如由于过度开发对自然遗产造成了不可挽回的破坏。垂直管理的方式可以从宏观上对自然遗产保护加以规划，管理者进行管理时，可以从全体国民的立场去考虑、处理问题，从而满足可持续发展的需要。最后，垂直管理的方式不但有利于理清管理体制，也有利于理清自然遗产保护的立法体系，可以对全国的自然遗产保护立法进行统筹规划，避免地方与中央在立法上的冲突。

❶ 方法林，王娜. 公益化视角下的国家公园服务质量保障[J]. 经济师，2015（9）：27.

❷ 彭顺生. 中、美世界自然遗产旅游资源管理的差异及其启示[J]. 旅游经济，2009（3）：152.

❸ 例如，对河流的管理可能会出现水利部门、环保部门等都进行管理的"多龙治水"的局面。

设立权力集中的专门管理机构的模式被许多国家所采用，在实践中也证明这一管理体制能够作出独立、及时、有效的决策，达到保护自然遗产的目的。因此，应当借鉴以美国为代表的国家的做法，在立法上设立专门的中央机构来管理自然遗产。

（三）自然遗产管理的立法体系

完备的立法基础，不但使自然遗产管理有法可依，而且为自然遗产管理提供了可靠的保障。许多国家都已经建立起一整套严密的法律体系来管理自然遗产，比较各国的立法体系，可以发现以下两个特点：第一，立法体系完整。最典型的代表就是美国。美国是世界上第一个意识到并提出保护自然遗产的国家，自1872年颁布了世界上第一个国家公园——黄石公园的保护法案以来，其已相继制定多部中央立法和地方立法，形成了完善的法律体系。在联邦层面，既有规定国家公园管理局法律地位的《国家公园系统组织法》，又有整体性的宏观立法，如《历史遗址与古迹法》《国家史迹保护法》《国家环境政策法》等。同时，每一个国家公园都有自己独具特色的立法，美国国会还专门为每一个国家公园制定了授权法，有针对性地规定了每一个国家公园立法的基本原则，为各个国家公园的立法提供了法律依据。除此之外，美国还有一些专门立法来解决自然遗产保护过程中的具体问题，如《特许经营法》《国家公园航天器飞越管理法》《国家公园体系单位大坝管理法》《公园志愿者法》等。❶ 美国的自然遗产保护立法已经形成了一套从联邦到地方，从基本立法到专门立法相呼

---

❶ BILAL ASAD, HAQUE HUMA. Customary Laws: Governing Natural Resource Management in the Northern Areas[J]. Environmental Law Programme-Karachi, 2003（23）: 27–30.

应的完整体系，这为美国自然遗产的保护和管理提供了良好的法制环境和基础。第二，立法具有可操作性。以澳大利亚大堡礁❶保护为例，澳大利亚政府自 1975 年颁布了《大堡礁海洋公园法》后，相继颁布了多项专门立法，分别就该自然保护区内的采矿行为、管理费的收取、水产业的发展、生物多样性的保护进行了详细的规定，这些规定内容翔实，避免了管理过程中的随意性。例如，在管理费的收取方面，具体规定了在什么情况下对游客收取全费、半费及免费；在水产业发展方面，对于经营企业的纳税标准及违法活动的惩罚标准都作出详细的规定，使得这些管理立法极具可操作性。再以法国的《景观保护法》❷为例，该法规定进入遗产名录或被指定为自然遗产的景观可以是树木、河流，也可以是历史街区，且对历史街区的建筑年限作出了明确的规定，少于该年限，无论有多大的审美价值均不列入名录。此外，该法对于景观区内的居民进行大型修缮活动还规定了提前申报的时限。这些详细的条款规定，使管理活动有了量化的标准，不但使管理活动有法可依，也使相关当事人的守法活动有章可循。

目前，世界各国在自然遗产管理方面都强调立法的重要性。首先，通过立法的方式对自然遗产保护和管理进行规定，显示了一国对自然遗产保护的重视。法律是国家权力的工具，自然遗产管理的立法显示国家对保护自然遗产的决心和意志，同时也对破坏自然遗产的行为形成了威慑力。其次，完备的立法体系确立了

---

❶ 大堡礁位于澳大利亚东北部昆士兰省，是世界上最大、最长的珊瑚礁区，是世界七大自然景观之一。1975年，澳大利亚政府颁布的大堡礁海洋公园法提出建立、控制、保护和发展海洋公园，其中涵盖了大堡礁98.5%的区域范围，海洋公园的建立不仅对保护当地文化起到重要作用，而且与当地土著居民的生活息息相关。1981年，大堡礁被纳入《世界遗产名录》中。

❷该法是法国政府颁布的第一部自然遗产保护法。

管理机构的合法地位，厘清了不同层次及管理部门的权限与职责，协调了各管理主体的利益关系，避免了执法过程中的冲突，保障了整个管理体制的合理运行。再次，通过立法的方式可以有效解决自然遗产表现形式多样、保护专业性较强所带来的难题。由于自然遗产分门别类，可能存在于深海之下，也可能位于高山之巅，通过立法的方式，不但可以对同一类的自然遗产作出规定，还可以对某一个具体的自然遗产保护进行专门立法。同时，对于自然遗产保护过程中涉及的专业性较强的修缮、维护、环境保护等问题，通过立法的方式加以规定，也是一个有效的解决途径。最后，对将来建立更加科学合理的管理体系进行了有益的探索。通过现有法律制度在自然遗产保护具体实践中的应用，总结出各部法规优势和不足之处，以及整体法律制度实施的状况，可以为今后的自然遗产保护和管理立法提供宝贵的经验和借鉴。

（四）自然遗产的经营模式

各个国家在保护自然遗产的同时，也将自然遗产作为一种旅游资源来开发，一方面通过开发建设，可以让更多的人领略到大自然的魅力，增强人们的环保意识；另一方面也可以为自然遗产所有者带来收入。尽管世界上绝大多数自然遗产归所在国家所有，但在经营模式上，各国都无一例外地采用了所有权与经营权相分离的方式，即通过承包、租赁、股份制、特许经营等方式将其交由私营者来运营，或是交由非营利组织来经营。

无论承包、租赁，还是股份制经营，都是交由私有企业或与私有企业合营的方式来管理自然遗产，这一经营方式的优缺点都十分明显。在这种模式下私营企业有了赢利的目标，而且要自负盈亏，其好处是，企业有追求利润的强烈动机，可以发挥主观能动性，提高效率，实现资源的优化配置。不足之处在于，由于企业有了赢利目标，经营者很有可能会产生过度开发和利用自然遗产的冲动，从而对自然遗产带来破坏，而实践证明这一问题确实实存在。

采取非营利组织经营的方式，最典型的代表就是澳大利亚的乌鲁鲁国家公园 ❶，该公园由当地的土著居民社区负责经营。该组织在运营国家公园时，并不以营利为目的，主要为了保证该土著部落居民正常的生产和生活需要。这一模式可以避免私有企业经营可能带来的过度开发行为，而且这些组织距离自然遗产比较近，对自然遗产的重要性有充分的理解，因此它们有保护遗产的热情。然而不足之处在于组织的决策者在做出决策时仅考虑并反映该部落的利益，而不是整个国家的政策需要。因此，这些组织的决策只能反映局部的状况，在有的情况下，甚至会伤害社区之外相邻群体的利益。❷

采用特许经营方式最具代表性的国家当属美国。美国国家公园管理机构是纯联邦政府的非营利机构，专注于自然遗产的保护与管理，日常开支由联邦政府拨款解决。❸ 为了达到管理者与经营者角色分离的目的，美国国会早在 1965 年就通过了《特许经营政策法》，要求国家公园采取特许经营的制度，即将国家公园的住宿、餐饮、交通等旅游设施交由私人经营。特许经营最大的弊端在于资源的垄断，美国国家公园也曾存在特许经营者垄断

---

❶ 1987年和1994年，乌鲁鲁国家公园分别作为世界自然和文化遗产列入《世界遗产名录》。

❷ 郑易生，郑玉歆. 自然文化遗产管理——中外理论与实践［M］. 北京：社会科学文献出版社，2003：90.

❸ COONEY ROSIE. IUCN Policy and Global Change Series No.2［M］. Gland；Cambridge：World Conservation Union Press，2004.

性、长期性的经营问题。为了解决这一问题，美国国会于 1998
年废除了 1965 年《特许经营政策法》，通过了《改善国家公园管
理局特许经营管理法》，并相继在《国家公园管理局管理条例》
《国家公园管理局管理政策》《第 89A 号局长令》"特许经营管理"
部分，以及《改善国家公园管理局特许经营管理会》等法律文件
中对特许合同的缔结、特许经营人的权利义务、特许经营的业务
等内容进行了全面的规定。通过这些新颁布的法律、法令，美国
在特许经营方面进行了以下改进：首先，通过公开招标鼓励企业
竞争；其次，提高特许经营者向联邦政府支付的特许经营费；再
次，将合同期限从 30 年缩短到 10 年；最后，建立一种新的合理
的补偿经营者资本投资的机制，并且成立咨询委员会为经营者改
善管理计划提供建议。❶

　　无论上述哪一种经营模式，都有其优势，也有其弊端。然
而，究其根本原因，是由于不同利益集团之间的利益冲突。在自
然遗产的经营过程中，涉及国家、当地政府、经营企业、居民等
不同的利益团体，由于每个团体都有自己的利益诉求，而这些利
益诉求之间又存在着明显的冲突，因此在管理过程中，各利益集
团都为维护自己的利益而采取有利于己方的管理活动。以印度尼
西亚洛伦茨（Lorentz）国家公园❷为例，由于中央政府和省级政

---

❶ RICHARD J ANSSON JR. Funding Our National Parks: Will Recent
Congressional Legislation Adequately Protect Our Embattled National Parks in
the Twenty-First Century? [J]. West-Northwest Journal of Environmental Law &
Policy, 1999（Fall）: 3-8.

❷ 该公园位于印度尼西亚新几内亚的查亚省内，是东南亚最大的保护
区，也是世界上唯一一个既包括雪地又有热带海洋，以及延伸的低地和沼泽
地的保护区。1997年3月，它被印尼林业部宣布为国家公园，1999年被指定
为世界遗产。

府自然资源管理者与土地所有者之间、政府机构与当地土著居民之间、采矿业者与环保组织之间的矛盾，使得洛伦茨公园的管理工作变得越来越复杂。❶

近年来，为了平衡各方的利益，建立起有效的自然遗产管理体制，一种新的管理模式——社区参与管理开始越来越多地被各国推崇。所谓社区参与管理是指鼓励既定受益者亲自参与管理，利用社区拥有的资源发展社区，明确社会的需求，并由此作出决策。该模式主张自然遗产所在地的居民参与遗产的保护过程，一方面可以调动当地居民保护遗产的积极性，对政府及其他经营者进行有效的监督；另一方面也可以解决自然遗产保护区内居民的就业问题。遗产管理不仅是政府或经营企业的事情，而且要求构建一个由社区居民、政府、经营者、环保组织等组成的共同体，通过多方的合作，平衡各方的利益，实现相互约束，以此推进自然遗产的可持续发展。喀麦隆的克鲁普（Korup）国家公园采用了社区参与这一管理模式，有学者认为克鲁普公园之所以能成为自然遗产管理的典范，就是因为采取了社区参与管理这一模式。❷

三、自然遗产管理中的土著居民问题

无论是在北美洲，还是在大洋洲，许多自然遗产都位于土著居民生活的区域。这些自然遗产不但与这些土著居民的生活息

---

❶ 郑易生，郑玉歆. 自然文化遗产管理——中外理论与实践[M]. 北京：社会科学文献出版社，2003：265.

❷ PMBILE VABI. Linking Management and Livelihood in Environmental Conservation: Case of the Korup National Park Cameroon[J]. Journal of Environmental Management，2005（1）：1-13.

息相关，有的甚至被土著居民赋予宗教色彩，成为部落精神的寄托。土著部落内自然遗产的保护不同于其他区域，它不仅涉及遗产本身，更与土著部落的和平相处有关，历史上因此而产生的冲突，甚至流血事件依然历历在目。因此，如何建立有效的管理体制来保护土著部落内的自然遗产显得尤为重要。承认土著居民在管理和保护方面的权利是一种"保护区的新范式"❶。

澳大利亚迄今为止拥有 25 处土著保护地，面积高达 2000 多万平方千米。在管理模式上，澳大利亚经历了长期的探索，最早建立了土著居民与非土著居民平等参与管理的高效联合管理体制。澳大利亚很早就意识到土著人在生物多样性保护方面的独特优势，同时也意识到土著人对于部落内自然遗产的文化传承责任，因此强调在自然遗产管理中政府与土著居民分享权力和责任的"合作管理"和"共同管理"理念。❷ 以卡卡杜国家公园❸ 为例。1978 年，卡卡杜原住民土地信托基金和卡卡杜国家公园管理局局长签署了《租赁协议》，协议承认了原住民对卡卡杜地区的所有权和使用权，要求澳大利亚政府归还原住民的传统土地，但附带条件是原住民必须将此土地租给澳大利亚政府成立卡卡杜国家公园，并由传统地主和澳大利亚自然保护局共同管理，同时

---

❶ 陈耀华，张帆，BOJER CAPATI. 基于土著社区参与和发展的自然遗产保护——以菲律宾伊格里特·巴科国家公园为例[J]. 安徽农业科学，2015（4）：148.

❷ 秦天宝. 澳大利亚保护地法律与实践述评[C]. 中国法学会环境资源法学研究会，2009：550-555.

❸ 卡卡杜国家公园位于澳大利亚北部地区首府达尔文市东部200千米处，曾是一个土著自治区，1979年被澳大利亚政府开辟为国家公园。卡卡杜国家公园的三个中心分别在1981年、1987年、1992年被联合国教科文组织列入《世界遗产名录》。

出台了保护传统土地所有者的权利、雇佣传统地主和训练土著等方面的实施细则。❶1980 年，澳大利亚政府发布了第一个国家公园管理计划，正式承认了土著居民拥有参与管理的权利。1989 年，国家公园管理委员会成立，14 名委员中有 10 位是土著居民代表。❷ 而 1999 年发布的第四个国家公园管理计划明确指出，澳大利亚土著居民和澳大利亚联邦政府国家公园管理行政当局协同努力，将其变成具有最高管理标准的自然文化遗产。❸ 在卡卡杜国家公园的管理模式中，土著居民全面参与到了决策、经营、监督的过程中，土著居民的权益不但得到了保障，同时他们的宗教习惯、文化习惯（如狩猎文化、祭祀习惯）等也得到了延续和发展。为了解决土著居民与国家公园管理当局在联合管理问题上可能产生的争议，在 1980 年国家公园管理计划中还指定了一个仲裁方来解决土著居民、国家公园管理当局和北方自治州议会之间的所有争议。同时，这种管理模式通过租赁协议的方式予以制度化❹。租赁协议的制定，是此共管模式相当重要的特色与施行基础，土著人享有相当高的资源权与经营管理权。

自然遗产地原居民承担了很大一部分自然遗产地建设成本，如不妥善考虑原居民的利益分享问题，则易导致原居民对自然遗产地建设的不理解、不支持，甚至阻挠自然遗产地的建设或保

---

❶ 张一群. 国家公园旅游生态补偿——以云南为例[M]. 北京：科学出版社，2016：56.

❷ CAIRNES, LORRAINE B. Australian Natural Heritage Charter: Standards and Principles for the Conservation of Places of Natural Heritage Significance[J]. Australian Heritage Commission, 1997（13）: 18.

❸ 参见《卡卡杜国家公园管理计划》第9页。

❹ 秦天宝. 澳大利亚保护地法律与实践述评[C]. 中国法学会环境资源法学研究会，2009：550–555.

护，因此应建立公平的利益分享机制，扭转管理者、经营者得利，原居民无利可获的"零和博弈"状态，让原居民切切实实从遗产保护和利用中获得实惠。❶ 由土著居民参与自然遗产管理有以下原因：首先，土著居民对于部落内的自然环境相当熟悉，拥有一定的知识，掌握气候等环境变化规律，这对于保护植物群落、动物群落极其重要；其次，土著居民能够比较准确地判断旅游、资源开发及其他土地利用活动对保护区可能产生的不利影响；再次，作为世世代代生活在这里的土著居民，对区域内的自然遗产有着深厚的感情，有保护的热情和动力；最后，土著居民具有的关于自然环境和传统文化知识确保了他们是最佳的教育家和向导，他们能够使旅游观光者深切体会到国家公园独特的环境和自然文化特征。因此，澳大利亚的联合管理模式一经问世，就引起了世界范围内的关注。这一模式不但有效地解决了土著居民与管理当局之间的冲突，同时实现了两者的双赢。

澳大利亚的联合管理模式已经为世界上其他各国解决土著部落内自然遗产的保护提供了可效仿的模式，但同时也应注意到，澳大利亚的这一模式建立在完善的保护地法律体系之上。澳大利亚是个联邦国家，土著保护地的管理权限主要在各州，因而澳大利亚没有全国适用的专门土著居民保护地法。但澳大利亚却是世界上最早通过立法来调整土著保护地事项的国家，联邦和各州都颁布了大量的土著保护地立法。在 2003 年召开的《世界自然保护联盟第五届世界保护地大会》上，与会代表专门对如何通过有效的法律机制来保护土著居民生活区域内的自然遗产问题展开了讨论。与会代表认为，一方面应当制定、认可并保证实施有关保

---

❶ 曾彩琳. 自然遗产地原居民权益保障：检视、反思与重构[J]. 华中科技大学学报（社会科学版），2013（1）：64.

护土著居民祖传土地和水域的法律和政策，制定并执行用于解决因建立自然遗产保护区所引起的不平等的多种机制，确保归还未经土著居民许可建立保护区而占领的土著居民的土地、领土和资源，并对此进行及时而公平的补偿；另一方面，建立并执行相关法律和政策，保护土著居民的知识产权，包括传统知识、创新体系、文化及生物资源等，特别对土著居民的语言、生活习惯、歌舞、文字等加以保护，对所有触犯生态系统的活动予以处罚。

四、自然遗产管理中的行政不作为问题

行政不作为是指行政主体负有某种作为的法定义务，并且能够履行却未履行或拖延履行其法定职责的状态。从法律拟定的前提看，行政不作为必须以存在"作为义务"为前提，并且"作为义务"来源于法律对行政主体职权和职责的规定。没有"作为义务"的存在，则无行政不作为。从法律的角度界定行政不作为现象是目前学界主要的解说，即认为行政不作为是基于公民、法人或其他组织的符合条件的申请，行政机关依法应该实施某种行为或履行某种法定职责，而无正当理由却拒绝作为的行政违法行为，亦称"不作为违法"或"消极违法"行为。[1] 政府的不作为行为主要表现为失职、渎职及推诿拖延等官僚主义行为，实际上是被动的滥用权力。"行政机关不履行法律规定的义务也是越权。虽然这时行政机关没有做任何事情，这种不作为行为本身就是越权。"[2] 政府的行政不作为有抽象行政不作为与具体行政不作为之分。具体行政不作为是指行政主体及其工作人员针对特定的人或

---

❶ 丁志刚，蒋月锋. 现代政府治理视域下的行政不作为及其治理[J]. 西南民族大学学报（人文社科版），2017（1）：205.

❷ 王名扬. 英国行政法[M]. 北京：中国政法大学出版社，1987：170.

事做出的行政不作为。抽象的行政不作为是指行政主体及其工作人员负有法定的制定规范性文件的义务，却没有或迟延履行这种法定义务，在行为方式上表现为消极的不作为。

（一）自然遗产管理中行政不作为的表现形式

在自然遗产的管理过程中，作为管理主体的行政机关同样存在大量的行政不作为行为，这种行政不作为行为也同样分为具体行政不作为和抽象行政不作为。具体行政不作为主要表现为，自然遗产管理主体应当采取某种管理行为，但却没有行使或怠于行使；或自然遗产管理主体滥用职权或超越职权的行为。抽象不作为则表现为，自然遗产管理主体没有依法制定、修改或废除某种普遍性的自然遗产管理规则的行为。

自然遗产管理中的行政不作为产生的原因多种多样：首先，许多自然遗产的管理者扮演着双重身份，既是自然遗产的管理者，又是自然遗产的经营者，因此其在自然遗产的管理过程中很难做到客观、公正和中立，难免会出于自身利益的考虑作出一些行政；其次，一些地方自然遗产主体出于对地方利益的维护和需求，对于一些与中央政策相违背的地方性规定不闻不问，采取"上有政策、下有对策"的做法；最后，一些自然遗产管理主体的工作人员很可能受到自然遗产破坏者的贿赂，导致他们在执法的过程中对一些自然遗产破坏行为视而不见或敷衍了事。

自然遗产管理中的行政不作为行为对自然遗产的保护具有极大的消极作用。自然遗产管理者作为管理行为的主体，是自然遗产保护中权力的行使者、法律法规的制定者，是保护自然遗产最重要的力量。如果这些管理主体不行使或怠于行使自己的职责，将会导致自然遗产保护工作无人问津，管理主体形同虚设。

（二）自然遗产管理中行政不作为的法律救济

由于自然遗产的管理主体是行政机关，是国家的公权力机关，与私人相比处于强势的地位，因此应当建立一定的法律救济机制，使公众能够有效地监督和约束管理主体的行为。当管理主体做出行政不作为行为时，公众可以通过法律的渠道来进行司法救济。

司法作为环境治理的一个重要环节，可以借鉴域外先进经验起到更好的矫正作用。❶ 值得注意的是，在美国的《清洁水法》中，已经建立了相关的针对行政不作为的法律制度。根据该法的规定，公民诉讼的被告可以是没有履行法定职责的环境保护局局长。以环境保护局局长为被告的公民诉讼基本上是对行政机关的不作为提起的行政诉讼。《清洁空气法》规定："任何人如果认为联邦环境保护局局长未采取或履行依据本法不属于他的行政自由裁量权范围的行动或义务，皆可以自己的名义对局长提起诉讼。""任何人以联邦环境保护局局长为被告，主张其怠于执行本法所赋予其之非裁量性职责。"可见，当联邦环境保护局局长应当采取某些措施或履行某种义务而未采取有效措施或履行某种义务时，公民可以环境保护局局长为被告提起公民诉讼。在1972年的塞拉俱乐部诉洛克修斯案 ❷ 中，塞拉俱乐部依据《清洁空气法》的公民诉讼条款对联邦环保局长洛克修斯起诉，认为该局长没有履行《清洁空气法》规定其应当履行的、不属于他的行政自由裁量权范围的义务，最终法院支持了原告的主张。"马萨诸塞

---

❶ 胡炜. 美国典型环境案例的归类分析及经验启示[J]. 中共青岛市委党校青岛行政学院学报，2018（3）：83.

❷ 参见Sierra Club v. Morton，405 U. S. 727（1972）。

州诉联邦环保局"（Massachusetts et. al. v. E. P. A）案就行政诉讼而言，该案的意义在于明确了如何认定行政行为的相对人，以便确认主体资格，包括如何确定基于清洁空气法及气候变化下的行政诉讼、侵权诉讼当事人是否适格；也明确了可以基于清洁空气法提起普通法上的公害侵权之诉，并为众多涉及气候变化侵权的案件所援引。❶

第四节　自然遗产保护中的相邻权问题*

自然遗产保护与当地居民之间的矛盾冲突一直是困扰保护行动的重要问题之一。自然遗产保护区附近的居民为了生活需要，会进行房屋建造、狩猎、伐木、开办工厂等活动。而自然遗产保护区为了保持自然遗产的原貌、保护动植物物种、避免环境污染，经常颁布一些法令禁止自然遗产保护区周围的开采活动，甚至在某些情况下还会要求强制拆迁附近的工厂、房屋，这就有可能造成与当地居民的冲突。

相邻权是民法上的一项重要制度，自然遗产保护区与居民之间的相邻关系是否属于民法上相邻权的调整范围？我们能否用相邻权制度来解决自然遗产保护与居民之间因相邻关系而产生的矛盾？从目前各国的立法实践来看，当原住民的建设或开采活动对

---

❶ 胡炜. 美国典型环境案例的归类分析及经验启示[J]. 中共青岛市委党校青岛行政学院学报，2018（3）：81.

* 本节主要内容已发表。见马明飞. 论自然遗产保护中的相邻权[J]. 武汉大学学报，2011（6）.

自然遗产保护区构成潜在威胁时，通常有相关的法律、法令对此进行规制。然而，在自然遗产的保护过程中为了保护自然遗产而不得不牺牲当地居民的合法利益时，如何补偿居民的损失却在立法上无章无循。保护自然遗产固然重要，但居民的合法权利同样值得关注和保护。近年来，一些国家越来越意识到这一问题的重要性，由居民参与管理的社区经营模式得到蓬勃发展，相关的补偿机制也得以确立。处理好自然遗产保护区与居民的相邻关系，不仅是自然遗产保护可持续发展的需要，也是构建和谐社会所必须面对的命题。

一、自然遗产保护中相邻权的界定

相邻关系源于古罗马法中的地役权。古罗马时代最初土地为公有，后来划归为家庭私有。所有者为了实现土地的使用价值，需要利用相邻的土地，相邻关系由此产生。传统意义上的相邻关系指的是相互毗邻的不动产之间的关系，即两个或两个以上相互毗邻的不动产所有人或使用人，在行使不动产的所有权或者使用权时，因相邻各方应当给予便利和接受限制而发生的权利义务关系。❶ 相邻关系从权利的角度又可称为相邻权，即不动产的所有人或使用人在处理相邻关系时所享有的权利。具体来说，在相互毗邻的不动产的所有人或者使用人之间，任何一方为了合理行使其所有权或使用权，享有要求其他相邻方提供便利或是接受一定限制的权利。相邻权实质上是对所有权的限制和延伸。相邻不动产的所有人或使用人在行使自己的所有权或使用权时，应当以不损害其他相邻人的合法权益为原则。如果因权利的行使给相邻人

---

❶ 王利明.民法[M].北京：中国人民大学出版社，2000：203.

的人身或财产造成危害的，相邻人有权要求停止侵害、消除危险和赔偿损失。在处理相邻关系时，相邻各方应该本着有利生产、方便生活、团结互助、公平合理的原则，互谅互让，协商解决。

传统意义上的相邻权具有以下特征：不动产地理位置上相互毗邻，即要求两个或两个以上的不动产之间必须相连，不能有所间断；调整范围仅限于经济利益，即传统意义上的相邻权仅调整相互毗邻的不动产之间的经济关系，而对于非经济关系，如安宁权、环保权等则不予调整；从内容上来看，相邻权的内容主要是指相邻一方行使所有权或使用权时可以要求他方给予必要的、方便的权利，以及他方应当满足相关合理请求的义务。

然而，随着经济的不断发展、社会的不断变迁，自然遗产保护中的环境污染问题日益突出。与自然遗产相邻的居民区或工厂带来了很多垃圾、噪声、灰尘、工业废物等，这些都对自然遗产的生存带来了严重的威胁和挑战。与此同时，为了保护自然遗产的需要，当地政府经常通过颁布法令对周围的居民房或工厂进行拆迁，虽然这一行为的目的旨在保护自然遗产，但与此同时也使周围的居民失去了家园或工作，使周围被拆迁的工厂遭受经济损失。对于这些利益受到侵害的居民或企业进行合理的安置和补偿，既关系社会秩序的稳定，又关系自然遗产保护的效果。虽然传统意义上的相邻权在自然遗产保护过程中发挥着重要的作用，但是随着新的经济行为和法律关系的出现，传统意义上的相邻权已显得力不从心。例如，一个工厂排放的废气对相隔一个居民区的自然遗产保护区造成了污染，此时如果以相邻权来要求工厂停止排污行为就显得力不从心，因为相邻权要求不动产以相互毗连为限。

随着环境问题的日益突出，相邻权制度也开始朝着有利于环境保护的方向发展。传统意义上的相邻权在自然遗产保护领域无论是内涵还是外延都发生了变化。首先，相邻范围扩大。在自然遗产保护中，由于地理的整体性、环境的生态性，自然遗产保护区的生态环境与周围的区域息息相关，使"相邻"的内涵得到了扩展。德国法学者赫舍尔（Herschel）认为，由于不可量物侵入的到达距离延长，凡其侵入领域均被认为是相邻。依据1960年修订后的《德国民法典》，赫舍尔又明确指出，"依《德国民法典》，不可量物侵害确定是相邻关系上的问题，并且'相邻'概念在近代已被灵活地加以扩大……"❶。王泽鉴认为，"邻地通常不以毗邻土地为限，所谓邻地，凡因土地所有人使用权利可遭受损害之土地，均包括在内"❷。其次，调整范围的扩大。传统意义上的相邻权仅调整相邻不动产之间的经济关系，然而在自然遗产保护过程中，除了经济关系以外，还涉及自然遗产的环保权，居民的安宁权、舒适权等与环境和人身密切相关的非经济关系。可以说，自然遗产保护中的相邻权是经济关系与人身关系的复合，是法律价值与道德价值的双重体现。在环境保护相邻权中，主要考虑的不是怎样利用环境要素才更具有经济效益，而是怎样才能满足人类生存的基本需求。❸再次，权利侵害行为的多样性。随着经济的发展、科技的进步，侵害相邻关系的行为也更加复杂，既可能是直接侵害行为，也可能是间接侵害行为；既可能是生产经营活动，也可能是日常生活行为；既可能是一次污染所致，也可能是复合污染所致，这就使侵害行为更加隐蔽、更加难以判断。

❶ 彭诚信.现代意义相邻权的理解[J].法制与社会发展，1999（1）：22.

❷ 王泽鉴.民法物权·通则·所有权[M].北京：中国政法大学出版社，2001：173.

❸ 吕忠梅，等.环境资源法学[M].北京：中国法制出版社，2001：132.

最后，停止妨害请求权内涵更为丰富。传统意义上的停止妨害请求权主要是要求对方为一定行为或不为一定行为。而在自然遗产保护相邻权中，请求权的内涵更加丰富，既可以要求侵害行为人为一定行为或不为一定行为，也可以要求行为人恢复原状、赔偿损失、迁移或采取补救措施等。传统意义上的妨害请求权以当事人民事权益遭受侵犯为产生的前提，而自然遗产保护相邻权中的请求权则往往以妨害超过或可能超过忍受限度为前提，而无论其行为是否合法。

可见，在自然遗产保护中，相邻权的内涵和外延都已发生了变化，原因在于环境权的产生和加入。在自然遗产保护相邻权中，关注的不仅仅是经济关系，更重要的是环境保护、人与环境的和谐相处，以及自然遗产保护的可持续发展。

二、自然遗产保护中的相邻权冲突

自然遗产相邻权除了涉及经济利益外，还涉及人身利益、环境利益。不同的利益主体有着不同的利益诉求，而在现实生活中这些不同的利益诉求存在着矛盾和冲突。当地居民没有获得合理经济补偿的问题比较突出，自然遗产保护地对社区发展的带动作用也不明显。❶ 自然遗产的保护要求保持遗产的原真性与完整性，因此任何影响自然遗产生存的行为都是被禁止的。而自然遗产相邻的原居民为了生存需要利用自然遗产保护区内的自然资源，如打井取水、伐木生火、开采矿石、狩猎动物等。尤其对于有些当地居民来说，打猎和采摘可能是他们最主要的生活方式。具体而言，自然遗产保护相邻权的冲突表现为以下四个方面。

---

❶ 马永欢，等. 对我国自然保护地管理体系建设的思考[J]. 生态经济，2019（9）：184.

（一）当地居民资源利用与自然遗产保护区的冲突

许多自然遗产保护区建立在当地居民祖祖辈辈赖以生存的土地之上，这些当地居民们在这里垦山种茶、采伐开矿、采药捕猎、挖沙取土，其经济活动已成为日常生活的重要组成部分。为了保护自然遗产，管理机构颁布了许多禁止性规定，禁止对于保护区内的林木植被进行采伐、损毁；禁止开山、采石、采矿、挖沙、烧砖瓦、烧石灰，禁止围堵填塞河流、溪流、湖泊；禁止采集化石、抽取地下水以及其他可能损害地质地貌的行为。当地居民的这些生活方式，在自然遗产保护规定颁布之前是合法的，而出于保护自然遗产的需要，这些行为却被法律禁止，因此造成了双方的现实冲突。

保护自然遗产虽然无可厚非，但是，是不是为了保护自然遗产就一定要禁止所有相邻原住民的相关经济活动呢？考察国外相关立法可以发现，虽然其立法无一例外地禁止一些经济活动，但禁止并不是绝对的。也就是说，国外立法都规定了例外的情形，即根据动植物的生长或生产周期，允许当地居民在特定的时间、特定的地点，对特定的动植物物种进行采伐或捕猎。这一举措既保护了自然遗产，又在一定程度上满足了当地居民基本的生活需要，可以说是一举两得。以《美国阿肯色州自然保护区 2009—2010 狩猎规定》为例。该规定对捕猎的时间作出了严格的限制，规定"在日出 30 分钟前，日落 30 分钟后，禁止任何打猎行为"，"禁止在 4 月 1 日至 5 月 15 日期间，利用猎犬进行打猎"，"禁止在 3 月 1 日至 5 月 31 日期间对鱼类进行捕捉"。这些日期上的规定，都是根据动物的作息规律和生长周期来制定的，具有科学性，在立法上更具有指导性。就特定地点而言，规定"禁止在距离城市或乡村边界 150 英尺内进行狩猎活动","禁止在距离住宅 50 码内进行狩猎"。同时,该规定还制定了许可制度,即狩猎者必须拥有颁发的许可证,如果违反上述规定,将会被扣以相应的点数。例如,在禁止期内使用猎犬将被扣除 9 点,捕捉濒临灭绝的物种将被扣除 30 点,而任何人如果累积扣除 30 点时将被吊销许可证,并且 3 年之内不许重新申请。说这些规定既保护了自然遗产,又满足了居民生活的需要,达到了双赢的目的。

(二)当地居民与自然遗产保护区经营权的冲突

由于自然遗产的权属大多归为国有,在经营方式上多采用所有权与经营权相分离的模式。虽然各国普遍采用承包租凭、特许经营等方式,由私人来进行经营,但这些私营者并不是当地的当地居民,而是外来的投资者,甚至可能是国外的投资者。这些外来投资者的行为使当地当地居民的利益受到了挑战,当地居民非但没有从中获利,反而蒙受损失。以加拿大国家公园为例。加拿大国家公园周边地区的旅游服务设施大多为外地商人投资修建,一些大型饭店的工作人员也大部分聘请外地人而非当地人,许多消费品一般也直接从外地采购。因此,当地当地居民不一定能从经营活动中获得期待的经济收益,国家公园周边旅游服务经济收益中相当大的一部分流入到外地人而非当地人的手里。❶

自然遗产保护区一般包含旅游服务和娱乐设施,游客会到家庭旅馆、青年旅馆、高档酒店进行住宿,会购买食品、饮料、野营用具等,会到商品、银行、超市接受服务,这些都为经营者带

---

❶ 王连勇. 加拿大国家公园规划与管理[M]. 重庆:西南师范大学出版社,2003:123.

来了可观的收入。由于当地居民经常以小规模、分散式的模式来进行经营，面对外来投资者大规模、企业化的经营模式，其竞争显然处于下风，许多当地居民因此失去了收入和工作。构成保护区与当地居民经营权上冲突的根本原因是保护区的管理机构同时拥有管理权与经营权，尽管管理机构经常采用管理权与经营权相分离的模式来进行经营，但势必会维护其所选定的经营者。保护区的管理机构与经营者实际上属于同一个利益集团，管理机构既是规则的制定者，同时其所选定的经营机构在经济实力上又具有明显的优势，这就造成了不公平的竞争结果。相同的经营项目，保护区选定的经营者有很多的优惠，而当地居民则处于弱势，经营权的不公平性是自然遗产保护区与当地居民相邻关系冲突的一个焦点。

（三）当地居民与自然遗产保护区因搬迁产生的冲突

在自然遗产被认定前，许多居民已经在其所在区域生活了百年，甚至几个世纪，而自然遗产一旦被联合国教科文组织认定，为了保护的需要，许多当地居民不得不面临搬迁的境遇。这一情况在东南亚地区尤为明显，许多自然遗产或备选的自然遗产都有居住的历史，如何有效地解决当地居民的搬迁问题，是主管部门面临的最棘手的问题之一。例如，在泰国的拉廊（Ranong）红树林保护区❶周围有3万多人居住，并环绕着保护区形成了农业区、渔业区和其他生产区。为了保护红树林保护区，政府要求部分居民进行搬迁。同样的情况还存在于越南芹耶丛林（Can Gio）红树

---

❶ 拉廊（Ranong）红树林保护区拥有一个面积达3万公顷的沿海红树林区和海洋生态系统，该区与两个国家公园连在一起，形成了一个连续的包括从山区生态系统到沿海海洋生态系统的生物栖息地保护区。

林保护区❶，居住在芹耶丛林保护区的人口估计有58000人，他们主要以农业、渔业、水产业和盐业为生，这些居民也同样需要搬迁。当地居民因搬迁问题而与当地政府产生利益冲突，使自然遗产管理部门无力招架。

更为重要的是，搬迁问题还会引发一连串的社会问题：一是被迫搬迁的居民如何安置；二是被要求搬迁的居民的损失如何进行补偿；三是搬迁后的就业问题如何解决，因为大部分居民都是以保护区作为生存基础，过着靠山吃山、靠海吃海的生活。如果仅依靠政府的行政命令或强制措施，非但不能有效地解决问题，反而会激化矛盾。因此，搬迁问题应建立在平等协商的基础之上，通过有效的补偿机制来弥补原住民的损失，同时对于搬迁后的生活区建设应进行合理规划，对于搬迁后的生产生活应进行帮助或有效引导，否则将会引发许多社会问题。以北京潭柘—戒台风景名胜区为例❷，该保护区为了保护自然景观的需要，对部分居民实施了搬迁，在搬迁过程中进行了小城镇建设为主的安置措施，实现了城镇建设与自然遗产资源相协调发展。在城镇化建设过程中，一方面实行基础设施和公共设施建设先行，在改变农村旧的生产生活方式的同时，强调环境保护和节约能源；另一方面，对搬迁居民的生产生活方式进行引导，改变了居民原有的生活方式。❸

---

❶ 该区于1999年被列入生物圈保护区计划，它拥有75740公顷红树林保护区，包括淡水和海水种类。

❷ 潭柘—戒台风景名胜区位于北京市门头沟区，是一处集人文景观、自然景观于一体的具有历史文化、古建筑艺术、科普探险、休闲度假等内涵的综合性风景区，总面积73平方千米。主要的两大景区为潭柘寺景区和戒台寺景区。

❸ 参见潭柘寺镇《2003年小城镇工作总结》。

（四）当地居民与自然遗产保护区因土地权属产生的冲突

当地居民与自然遗产保护区的土地纠纷主要表现为权属不清。虽然大部分国家法律规定，自然遗产保护区归国家所有，但也有部分自然遗产保护区归集体或私人所有。例如，美国的国家公园大多数属于国家所有，也有部分的自然保护地和历史纪念地为私人所有。在成立自然遗产保护区时，许多土地的使用权拥有者全部或部分地放弃了自己的权利，将这部分权利交给国家或地方政府，由自然遗产保护区管理主体代表国家或地方政府来行使管理权。由于土地权属的不清，在自然遗产保护区内又含有集体所有的土地，而这些土地的使用权又是由自然遗产的管理机构来行使的，这就导致了土地权属的纠纷。

在加拿大阿尔伯塔省的"野牛跳"自然遗产保护过程中，因土地权属产生的冲突却因为双方达成共识而化解。阿尔塔省的"野牛跳"遗址于1981年被联合国教科文组织授予自然遗产的称号，该遗址的所有权归卡尔德伍兹和德尔斯奇斯两大家族所有。两大家族的族长认为，保护这些自然遗产是他们的神圣使命，因此他们不愿意开发这些考古资源。然而"野牛跳"对于研究土著人几百年前的生活方式却有着重要的科研价值，许多科学家对此很感兴趣。后来，卡尔加里大学的考古研究机构向阿尔伯塔省政府提出建议，希望政府利用其宪法权力对该遗址进行保护。阿尔伯塔省政府同意了这一主张，并和两大家族进行了协商，最后达成了共识并颁布了相应的法案。该法案对两大家族的所有权进行了限制，使得"野牛跳"遗址在最大保护的前提下，得到了最大限度的开发。

三、自然遗产保护中相邻权冲突的法律救济

自然遗产保护中相邻权的冲突严重影响了自然遗产保护与当地当地居民的和谐发展，给自然遗产保护带来了很多的隐忧。自然遗产保护立法中存在的最主要的问题就是保护区与社区居民协调发展的问题。❶ 在国外的立法中，已有一些成文的法律制度可以用来解决自然遗产保护过程中的相邻权冲突。

（一）妨害制度

妨害行为是美国环境法领域最常见的侵权行为。根据《布莱克法律词典》里的解释，妨害是指"源于某人不合理地、无根据地、不合法地使用其动产或者不动产，或者源于某人的合法行为导致他人的权利或者公众的权利受到妨碍或损害并产生实质性的烦扰、不便、不舒适或伤害的侵权行为的集合"。妨害在种类上分为公共妨害和私人妨害，两者区别的依据是所影响的是公共利益还是私人利益。❷ 根据《元照英美法词典》，"公共妨害行为又名妨害公众，是指某项作为或者不作为损害公众的健康、安全、安宁、方便或者道德观念，或非法阻碍公众行使公共权利，诸如阻断公共道路、污染环境、销售变质食品等。公共妨碍行为在普通法上可构成犯罪"。私人提起公共妨害诉讼在普通法系国家一般不被允许，但是在美国，一些州允许公民个人依据公共妨害理论对损害环境公共利益的行为提起诉讼，如新墨西哥州的一项法

---

❶ 王曦，曲云鹏. 简析我国自然保护区立法之不足与完善对策[J]. 学术交流，2005（9）：50.

❷ 加藤一郎. 外国的公害法：上[M]. 日文版. 东京：日本岩波书店，1978：115.

律规定，为了消除公共妨害即"故意损害公共健康、安全、福利或者公共产权"，公民可以起诉。威斯康星州的法律也规定违反环境法律的行为被视为典型的公共妨害。❶

当自然遗产保护区侵犯到当地当地居民的合法利益时，当地居民可以请求法院发布永久性禁止令或中间性禁止令来停止侵害行为，保护自己的利益。在决定是否发布禁止令时，法院会将双方的利益进行比较来裁量。法院一般不会支持当地居民要求发布禁令的请求，原因在于当地居民受到的损失要比排除自然遗产保护区所造成的社会效用的损失小得多，但在有些情况下法院仍会发布禁令。美国的一条基本理念是：如果认定存在妨害请求，一方当事人证明造成了重大损失，法院就应该批准禁止令。❷当当地居民的利益因为自然遗产保护区的建设蒙受损失时，如果要自然遗产保护区停止建设，可能会造成更大的损失，这时如果颁布禁止令，显然在利益上无法平衡。因此在美国的妨害制度中，如果是在不涉及受害人生命健康及重大生态环境利益的情况下，法院一般倾向于通过"部分排除侵害"和"代替性赔偿"等具有调和性的新法理和新型责任制度而允许继续运营，从而尽量保护产业的发展，同时也不失社会的公平正义。❸但是，当相邻者为企业而并非个人时，可能双方的利益都是巨大的，牺牲任何一方都可能使其遭受巨大损失。在此情况下，保护自然遗产的公共利益显然要重于私人利益。例如，1978年的美国田纳西流域管理局诉希尔案，最高法院根据《濒危物种法》的规定，为了保护濒危的

---

❶ 朱丽. 美国环境公共利益司法保护制度与实践对我国的启示[J]. 环境保护，2017（21）：64.

❷ 约翰·E. 克里贝特，等. 财产法：案例与材料[M]. 齐东祥，陈刚，译. 北京：中国政法大学出版社，2003：572，576.

❸ 邱聪智. 公害法原理[M]. 台北：三民书局，1984：15-16.

蜗牛鱼而命令停止建设已经耗资数百万美元的特立特水坝工程。❶

（二）补偿机制的建立

无论是自然遗产保护区因经营权与当地居民产生的冲突，还是因搬迁权与当地居民产生的冲突，当地居民的利益都无一例外受到了严重损失。随着整个社会法律体系的完善和公民法律意识的增强，遗产地的土地所有者和土地占用获利者之间因占地补偿的经济纠纷便不断产生，甚至有愈演愈烈的趋势。因此，应当在立法中，建立相应的补偿机制，来平衡双方的权利与义务。

美国《阿拉斯加国家利益土地保护法》规定："当非联邦土地已经确定需要获取，管理局将通过各种努力与土地所有者在购买价格上达成协议。如果达不成协议，管理局将按照权威机构和国会对该单位的决定，进一步采取措施。但不论怎样，这种情况下应对土地所有者采取补偿措施。"在我国台湾地区也建立了补偿机制，由于一些矿业开发公司在"玉山国家公园"瓦拉米地区进行爆破、修路等活动，影响了该地区生物多样性的保持，破坏了生态平衡。为了实现保护目标，确保自然资源的永续利用，"玉山国家公园"管理处与矿区主管机构和矿主协调，依法将瓦米拉地区的矿区划定为禁采区，并对矿主进行适当补偿，明确补偿机制的方式，有效地弥补了当地居民利益上的损失，化冲突为和谐、和解与合作，实现了自然遗产保护的可持续发展。

（三）公力救济

当自然遗产保护区与当地当地居民因相邻关系产生纠纷时，

---

❶ R. 芬德利，等. 美国环境法简论[M]. 程正康，等，译. 北京：中国环境科学出版社，1986：5—16.

以平等协商的方式解决纠纷既省时又节约经济成本。然而，相对于自然遗产管理机构，当地居民无论是在经济上，还是政治地位上都比较弱势，为了更好地保护其利益应赋予其公力救济的权利。

在美国国家公园的相关法律体系中有相应的诉讼制度，为美国公民维护其权利提供了一条公力救济的途径。该诉讼制度规定，如果任何美国公民或机构根据国家公园体系的相关法律认为国家公园管理局的某项管理行动是错误的并侵犯了其合法权益或在应该采取行动的时候未采取行动，他们都可以对美国国家公园管理局提起诉讼。例如，在保护红杉树国家公园的行动中，相关的利益团体认为该国家公园所做出的规定超出了其在自然资源保护方面的权限，其禁止狩猎、捕鱼的措施违反了法律规定，牺牲了该团体的利益，于是该利益团体提起了诉讼。❶

四、解决自然遗产保护相邻关系的新模式——社区参与管理

法律救济虽然可以补偿利益受损者的损失，但都是事后救济，且会消耗双方当事人大量的时间和经济成本，可能会导致双方关系进一步僵化。因此，法律救济虽然可以亡羊补牢，但却不能防患于未然。近年来，欧美国家开始尝试一种新的自然遗产管理模式——社区参与管理。1985 年，"社区参与"的概念由墨菲（Murphy）在其著作《旅游：一种社区方法》书中首次提出，他认为社区居民参与是目的地旅游产品的重要组成部分，鼓励社区居民参与当地旅游业有助于增加居民对旅游地的好感，减少居民

---

❶ MANTELL, MICHAELA. Managing National Park System Resources: A Handbook on Legal Duties, Opportunities and Tools[M]. Baltimore: Conservation Foundaton Press, 1990: 22.

对旅游的方案的情绪。❶有学者认为，真正的社区参与看重社区
的发展，而非单纯的旅游发展。❷也有学者指出，社区参与管理
是以社区的资源、需求和决策为基础的一种管理模式，是自然资
源保护和可持续利用的关键。社区是世界遗产地最重要的利益相
关者之一，这种开发模式能将社区力量调动起来。❸本书认为，
所谓社区管理，即社区居民以管理者的身份参与自然遗产的管
理，形成政府、自然遗产管理机构和社区居民三方共同管理、互
相监督的管理模式。在这一模式当中，最重要的就是社区居民与
政府、经营者之间的利益分配问题，社区参与管理试图实现三方
利益的均衡，相互制约，避免矛盾和冲突的产生。

　　学者们对这一管理模式进行了深入的研究。欧美学者开始
构建自然遗产保护区居民共同参与的社区经营模式。马丁·齐哈
尔（Martin Cihar）和金里斯卡·斯坦科娃（Jinriska Stankova）将
社区居民作为利益相关者之一，与政府、经营者等其他利益相关
者进行比较，分析了不同利益相关者之间的利害关系，并得出结
论认为社区居民是介于政府与经营者之间的利益相关者，可以起
到监督的作用。❹杰弗里·桑德斯分析了纪念碑谷部落公园与钦
利—绮丽峡谷国家遗迹在规划和管理上的不同。前者面向社区居
民积极推行特许经营权，将社区居民纳入员工名册中，注重社区

---

❶ 姚国荣，范银苹.乡村旅游背景下社区参与研究述评[J].安徽师范大
学学报（自然科学版），2019（1）：75.

❷ 王金伟，谢伶，张赛茵.自然灾难地黑色旅游发展：居民感知与社区
参与——以北川羌族自治县吉娜羌寨为例[J].旅游学刊，2020（1）：3.

❸ 刘新静.世界遗产教程[M].上海：上海交通大学出版社，2010：296.

❹ MARTIN CIHAR, JINRISKA STANKOVA. Attitudes of Stakeholders
Towards the Podyji/Thaya River Basin National Park in the Czech Republic[J].
Journal of Environmental Management，2006（81）：273-285.

居民需要，而后者则是一个失败的例子。❶瑞安·L.马龙（Ryan L. Marone）认为，社区居民接受管理措施是建立在社区参与及获得直接利益基础之上的，即欲使社区居民愿意为实现共同保护目标而努力，则必须让他们获得实际利益。威廉·亚当斯❷（William M Adams）和马克·英菲尔（Mark Infiel）讨论了不同利益主体对自然遗产旅游项目收入的争夺，提倡将旅游收入的一小部分分给当地社区居民，以满足他们的期望和要求，实现他们因国家公园创建所遭受的损失与获得的利益两者间的平衡。❸从长远看，当地居民参与社区管理能够增进对自然遗产保护工作的理解，从而积极主动地参与保护，实现保护自然遗产的目的。❹可以说，社区管理模式试图在政府与经营者之间，寻求第三方利益主体的介入，从而约束政府与经营者过度开发、忽视当地居民的行为。社区参与涉及政府对自然遗产保护和开发的决策和实际管理，以及经营主体的经营行为，能够在很大程度上对政府和经营者的行为起到监督、约束作用。❺

此外，社区参与特许经营可以补偿社区受损权利，"造血"

❶ JEFFERY M SANDERS. A Comparative Study of the Planning and Management of Monument Valley Tribal Park and Canyon de Chelly National Monument[J]. Landscape and Urban Planning，2006（2）：171-182.

❷ RYAN L MARONE. Conservation of Argali Ovis Ammon in Western Mongolia and the Altai-Sayan[J]. Biological Conservation，2005（2）：231-241.

❸ WILLIAM M ADAMS，MARK INFIEL. Who is on the Gorilla's Payrol? Claims on Tourist Revenue From A Ugandan National Park [J]. World Development，2003（31）：177-190.

❹ 王青瑶，马永双. 自然遗产保护和开发中的设区参与机制研究[J]. 江西理工大学学报，2014（2）：25.

❺ 同❹26.

式增进社区利益，从而把社区变成保护地的利益分享者和保护事业的支持者。❶ 社区参与管理模式的产生使自然遗产的管理在决策的制定、利益的分配、责任的承担等方面都发生了变化，这一模式也对增加就业、解决当地居民与自然遗产保护区因相邻关系而产生的冲突提供了新的方法和思路。

第五节　自然遗产保护中的环境公益诉讼问题*

环境公益诉讼是解决环境侵害纠纷，实现环境诸价值的重要程序手段。面对日益复杂的环境侵害纠纷，各国都在探究建立一套能与本国情况相适应的公益诉讼制度。❸ 环境公益诉讼产生于20世纪70年代的美国，它突破了民事诉讼与行政诉讼中直接利害关系人的限制，允许与案件没有直接利害关系的当事人向法院提起诉讼，以保护公共利益。这一制度被认为是环境保护法中的创举。

海洋、森林、湿地、野生动植物、自然遗迹、自然保护区、风景名胜区无疑是环境的一部分。自然遗产保护不仅体现一国的国家利益和社会利益，更体现着全人类的共同利益。随着经济的

---

❶ 陈涵子，吴承照. 社区参与国家公园特许经营的多重值[J]. 广东园林，2019（5）：51.

* 本节主要内容已发表。见马明飞. 自然遗产保护中的环境公益诉讼[J]. 求索，2012（12）.

❸ 王红岩，王福华. 环境公害群体诉讼的障碍与对策[J]. 中国法学，1999（5）：97.

发展，人们对自然遗产的开发和利用也越来越频繁，破坏自然遗产的事件时有发生，自然遗产的环境权无法得到有效的救济和保护，公共利益不断受到侵害。传统的争端解决方式已无法满足现实的需要，因此我们必须创建一种新的制度来保护自然遗产。环境公益诉讼制度作为传统诉讼制度的扩展自产生以来在保护环境公共利益领域发挥了重要的作用。如何在自然遗产保护过程中运用环境公益诉讼制度，对于解决侵权事件、保护自然遗产具有重要意义。

一、环境公益诉讼与自然遗产保护

（一）环境公益诉讼的概念

公益诉讼是相对于私益诉讼而言的，通常被理解为以公民、社会团体或者国家机关为原告，以损害公益的行为为对象，以制止损害公益的行为并追究公益加害人相应的法律责任为目的向法院提出的特殊诉讼。❶

早在罗马法时期，就有公益诉讼与私益诉讼之分。在罗马法中，法分为公法和私法，与之相对应，诉讼也分为公诉和私诉。其中，公诉是对有关国家利益案件的审查，私诉是根据个人的申诉对有关案件的审查。值得注意的是，这里的公诉和私诉与我们讨论的公益诉讼并非同一概念。罗马法中的公诉是从诉讼主体角度而言，即那些涉及国家和政府的诉讼。而环境公益诉讼中的公诉则是针对诉讼的客体而言，即那些涉及公共利益的诉讼。公益既包括国家利益、社会公共利益，同时也包括全人类的共同

❶ 李恒远，常纪文. 中国环境法治：2006年卷[M]. 北京：中国环境科学出版社，2007：32.

利益。

从世界各国的实践情况来看，公益诉讼的案件基本都出现在环境保护的领域，公益诉讼主要是由环境公益诉讼构成的。由此，环境公益诉讼可以界定为：公民、社会团体或国家机关为了保护环境和自然资源，以自己的名义，以损害环境公共利益的任何人为被告，要求其停止破坏环境的行为并承担法律责任而向法院提起的特殊诉讼。

（二）环境公益诉讼的特征

1. 诉讼主体的广泛性和不特定性

在传统诉讼中，原告是那些合法利益受到侵犯且损害事实已经发生，与本案具有直接利害关系的当事人：起诉主体是特定的利益受到损害的当事人。而在环境公益诉讼中，违法行为侵犯的对象是公共环境利益，对于普通民众来说只有不利影响而无直接利益上的损失。但由于环境公共利益涉及人类的生存和发展，关系子孙后代的利益，因而其是全社会共同利益的体现。因此，任何公民、社会团体或国家机关都可以作为原告提起诉讼，尽管他们可能与侵权行为没有任何利害关系。

2. 诉讼目的的公益性

传统诉讼是为了对私人利益的救济，而环境公益诉讼则不是因为自己的切身的利益受到侵害，而是因为公益环境受到损害或有遭受损害的威胁时向法院提起诉讼。其目的是为了维护社会的公共利益，实现环境和自然资源的可持续发展，是以社会为本位。

3. 具有预防和救济的双重功能

环境公益诉讼的功能具有明显的预防性质，同时兼具补救功能。环境公益诉讼的提起不以发生实质损害为要件，任何个人或组织，对于可能危害或者已经危害社会公共利益的行为均可以依法提起诉讼，这在客观上起到了防患于未然的效果，改变了传统诉讼事后补救的被动性，把危害社会公共利益的行为消灭在萌芽之中。❶只要某些行为对环境保护构成潜在威胁，即可以提起诉讼，从而将环境污染和生态破坏行为扼杀在摇篮。对于已经发生破坏环境的行为，环境公益诉讼通过民事赔偿和国家赔偿的方式所进行的救济又体现了事后补救的功能。在环境公益诉讼中，预防作用显得尤为重要，因为许多环境污染和破坏行为一旦发生，将会造成无法挽回的损失。特别是在自然遗产保护过程中，由于自然遗产的不可再生性，侵害自然遗产的行为很有可能导致遗产不复存在。

4.附属性

环境公益诉讼并非一种独立的诉讼类型，只是一种与原告资格认定相关的诉讼方式和手段。❷这种诉讼形式既可在行政诉讼中采用，也适用于民事诉讼程序。如被诉的对象是对环境利益造成侵害的自然人、法人、社会团体，则应当适用民事诉讼程序；如果被诉的对象是对环境利益造成侵害的国家机关或其负责人，则应当适用行政诉讼程序。

随着环境保护的浪潮在全球范围内席卷，传统的诉讼模式在解决环境纠纷面前已显得越来越力不从心。与传统诉讼模式相比，环境公益诉讼具有以下优势：一是节约诉讼成本。传统诉讼

---

❶ 胡卫列.论行政公益诉讼制度的构建[J].行政法学研究，2012（2）：37-41.

❷ 汪劲.环境法治的中国路径：反思与探索[M].北京：中国环境科学出版社，2011：139.

模式需要大量的时间成本、经济成本和人力成本，而环境公益诉讼能经济有效地解决环境纠纷，保护公民的环境权。二是具有预防功效。传统诉讼模式是一种事后救济，而在环境保护中，一旦损害发生后果将不堪设想，因此应当防患于未然。三是救济力量的整体性。传统诉讼模式主要是分散的、个别的救济，而环境问题则是一个宏观的、全局性的问题，环境公益诉讼可以最大限度地调动各种社会力量参与环境保护。四是提高环保意识。由于任何人都可以对侵害环境利益的行为提起诉讼，这就使人们在行事过程中小心谨慎，约束自己的行为，积极主动地保护环境资源。

（三）自然遗产保护中的环境公益诉讼

在自然遗产保护的过程中，能否用环境公益诉讼的模式来解决纠纷是我们首先要考虑的前提和基础。一项诉讼是否为环境公益诉讼必须满足两个条件：首先，必须与环境相关；其次，诉讼中所涉及的侵害行为必须威胁和破坏了公共利益。因此，我们要考虑的问题是自然遗产是否属于环境的一部分？破坏自然遗产的行为是否损害了公共利益？

环境通常是指围绕人群的空间和作用于人类这一对象的所有外界影响与力量的总和。环境保护法所保护的环境与通常意义上所说的环境有所不同，它是有一定范围的，是能够通过法律手段来保护的环境。我国《环境保护法》第 2 条给环境所下的定义为："本法所称的环境，是指影响人类生存和发展的各种天然的和经过人工改造的自然因素的总体，包括大气、水、海洋、土地、矿藏、森林、草原、野生生物、自然遗迹、人文遗迹、自然保护区、风景名胜区、城市和乡村等。"根据这一定义，以森林、海洋、自然遗迹、自然保护区、风景名胜区等为表现形式的自然遗产无疑属于环境的一部分。众所周知，自然遗产作为全人类的共同遗产不仅涉及所属国的公共利益，更关系全人类的共同利益。侵害自然遗产的行为，理所当然是对国家公共利益和全人类公共利益的侵害。由此可见，环境公益诉讼制度完全可以应用于自然遗产保护领域。

二、国外环境公益诉讼制度考察

目前，已经有许多国家建立了有效的环境公益诉讼制度来保护环境和自然资源，这些制度各具特色，对自然遗产公益诉讼制度的建立有着宝贵的借鉴意义。

（一）美国

20世纪中叶，美国相继发生了多诺拉烟雾事件和洛杉矶化学烟雾事件❶，导致公众发起了一浪高过一浪的保护环境和公众健康的游行示威活动。为了顺应这一趋势，参议院在1970年的《清洁空气法》中加入了公民诉讼条款，规定任何人都可以以自己的名义对包括美国政府、行政机关、公司、企业、各类社会组织及个人按照该法的规定提起诉讼。此后颁布的《清洁水法》《濒危物种法》《噪声控制法》《有毒物质控制法》《资源保护与恢复法》

---

❶ 多诺拉烟雾事件：1948年10月26—31日，在美国宾夕法尼亚州多诺拉镇，因炼锌厂、钢铁厂、硫酸厂排放的二氧化硫等有害气体和粉尘进入大气中，扩散不开又遇逆温天气，造成严重空气污染，短时间内全镇约有6000人患病，20多人死亡。洛杉矶光化学烟雾事件：1943年，洛杉矶市的250万辆汽车每天燃烧掉1100吨汽油，汽油燃烧后产生的碳氧化合物等在太阳紫外光线照射下引起化学反应，形成蓝色烟雾，这种污染被称为光化学烟雾。1955年、1970年，洛杉矶又两度发生光化学烟雾事件，前者有400多人因五官中毒、呼吸衰竭而死，后者使全市四分之三的人患病。

《海洋倾废法》《联邦地区民事诉讼规则》《安全饮用水法》等与环境和自然遗产保护相关的法律中，都规定了环境公益诉讼制度，由此形成了一整套法律体系。美国环境公益诉讼制度的内容主要体现在以下几个方面。

1.原告的资格

在美国的公民诉讼制度中，原告的资格经历了三个发展阶段：第一个阶段确立了"法律权利原则"，这一原则的确立体现在 1937 年的"田纳西电力公司诉田纳西流域管理局"一案中。根据这一原则，原告必须证明其合法权利已受到或正在受到不法侵害，否则不具有起诉资格。第二个阶段确立了"事实上的损害原则"，这一原则的确立体现在数据处理服务团体诉坎普案❶、塞拉俱乐部诉莫顿案❷、合众国诉学生反对管理机关程序案❸，以及杜克电力公司诉北卡罗来纳环境研究小组案❹中。根据这一原则，只要原告受到事实上的损害就可以提起诉讼。在莫顿案中，最高法院一方面认为环保团体仅以经常关心环境事务、保护公众的环境利益受到了"实际损害"为依据，另一方面又承认所谓的"实际损害"并不局限于经济利益的损害，对美学、娱乐和环境价值等环境舒适上的非经济价值的威胁和损害也同样构成了"实际损害"，符合诉讼资格的要求。❺同时，这一原则也体现在 1970 年

---

❶ 参见 Association of Data Processing Service Organization，Inc. v. Camp，397 U. S. 150（1970）。

❷ 参见 Sierra Club v. Morton，405 U. S. 727（1972）。

❸ 参见 United States v. Students Challenging Regulatory Agency Procedures，412 U. S. 669（1973）。

❹ 参见 Duke Power Co. v. Carolina Environmental Study Group，Inc. 438 U. S. 59（1978）。

❺ 汪劲.环境正义：丧钟为谁而鸣[M].北京：北京大学出版社，2007：50.

的《清洁空气法》中。该法中的"公民诉讼"条款规定：任何人可以代表自己提起一项民事诉讼：①起诉任何人，指控其违反该法的行为；②起诉环保局局长，指控其不能履行该法所规定的不属于环保局局长自由裁量领域的行为或义务；③起诉任何人，指控其违反环境许可或者无许可排放污染的行为。❶第三个阶段则确立了"实际损害原则"，这一原则体现在1972年的《清洁水法》中。根据这一原则，原告必须证明其利益受到严重影响或有受到严重影响的可能。

2. 诉讼被告的种类

据美国《清洁水法》的规定，公民诉讼的被告可以分为两类：一是任何人，包括个人、公司、联邦或州政府和美国政府。除了私人外，享有环境执法权的行政机构，如商务部、运输部等，都有可能成为公民诉讼中被告。二是没有履行法定职责的环境保护局局长。《清洁空气法》规定："任何人如果认为联邦环保局局长未采取或履行依据本法不属于他的行政自由裁量权范围的行动或义务，皆可以自己的名义对局长提起诉讼。"这实际上是对局长的行政不作为行为提起诉讼。在美国环境法上，公民诉讼包括公民执行诉讼和强制义务诉讼，前者的潜在被告是各类企业，通过该类诉讼督促企业遵守环境法的基本要求；后者的潜在被告是环境保护执法者，主要是联邦或者州环保部门，通过该类诉讼督促环境保护部门积极履行其"非自由裁量行为或职责"。❷

❶ 邓可祝. 司法在环境公益诉讼中的能动作用研究——以中美法院在原告资格确定中的作用为视角[M]. 北京：社会科学文献出版社，2017：132.
❷ 朱丽. 美国环境公共利益司法保护制度与实践对我国的启示[J]. 环境保护，2017（21）：65.

3. 救济措施

美国的公民诉讼中，可以要求的救济措施有以下两种：①禁止令。禁止令是法院判决中所采取的最严厉的措施。法院通过发布禁止令，可以要求破坏环境保护的私人和团体停止其污染行为。法院在适用禁止令的责任方式时，一般会考虑一下因素："是否有相应法律规定的充分的救济；打算实施禁止令的违法行为是否已经给原告带来不可补救的损害；采取禁止令是否会给被告带来不可挽救的损害；公共利益。"❶在田纳西流域管理局诉赫尔案❷中，法院认为尽管大坝建设已耗资百万美元，但大坝的建设会威胁濒临灭绝的蜗牛鱼，保护濒临灭绝的物种则具有更高的价值。因此法院发布了禁止令，要求拆除大坝。②民事罚款。在美国的《清洁水法》和《资源保护与恢复法》等法律中，都规定法院可以对侵害环境公益的私人或团体处以民事罚款，其数额为每日 10000 美元至 25000 美元不等。这种民事罚款并非为了补偿原告的损失，罚款归国库所有。

（二）日本

20 世纪 50 年代，日本开始大力发展经济，但随着经济的发展，环境污染问题也日益突出。为此，日本政府先后颁布了《公害救济法》《公害控制法》和《公害防止事业法》等一系列法律来消除和禁止环境破坏行为。这些法律确立了民众诉讼制度。

1. 原告的资格

在日本的民众诉讼制度中，原告的资格经历了两个发展阶

---

❶ 朱丽. 美国环境公共利益司法保护制度与实践对我国的启示[J]. 环境保护，2017（21）：66.

❷ 参见 Tennessee Valley Authority v. Hill，437 U. S. 153（1978）。

段：第一个阶段是"权利受伤害说"，即当事人的合法权利受到实际损害时，才有资格作为原告提起诉讼；第二个阶段是"法律利益说"，即只要环境损害行为威胁到当事人的利益，就有资格作为原告提起诉讼。日本的环境公益诉讼制度规定的环境公益诉讼原告主体资格持续放宽，个人也可以提起环境公益诉讼。可以说，日本在环境公益诉讼方面最突出之处是规定了代表人诉讼❶，即原告可以是个人，也可以是环境共同利益受到损害的多数人选定的其中一人或数人。值得注意的是，有关自然景观和文化遗产的保护中，日本法律认为这种被损害的利益属于全体国民的共同利益，对于个别居民来说，仅属于"波及性利益"，并没有损害其实体利益，因此个人不具有原告资格。❷目前，日本正在逐步扩大环境公益诉讼的主体资格，规定原告在环境公益诉讼中只需要证明侵权行为超过了社会生活中一般人能忍受的限度便具有诉讼资格。❸

2. 诉讼的种类

与美国的公民诉讼制度不同，日本的民众诉讼只能对行政机关提起，而私人、企业和其他社会团体则不能作为民众诉讼的被告。日本的环境公益诉讼带有明显的行政公益诉讼的特色，主要目的在于维护国家和社会的公共利益，以及对政府和行政机关的环境行为的合法性进行监督。❹

---

❶ 管伟康. 探索完善中国环境公益诉讼主体制度设计[J]. 环境与可持续发展，2019（4）：102.

❷ 谷口安平. 程序的正义与诉讼[M]. 王亚新，等，译，北京：中国政法大学出版社，2002：266-272.

❸ 徐芳芳，司林波. 日本生态问责述评[J]. 中共青岛市委党校青岛行政学院学报，2016（4）：35.

❹ 同❸.

3. 救济措施

日本的民众诉讼中，可以要求的救济措施有以下三种：①取消诉讼，即原告认为行政机关的行政行为如行政处罚、吊销营业执照等是违法的，要求撤销该行政行为的诉讼。取消诉讼针对的是行政机关的具体行政行为，不适用于行政立法等抽象行政行为和行政不作为行为。②课以义务，即当行政机关对于环境污染行为没有采取必要的管理措施或怠于行使职权时，公众可以请求课以义务，要求行政机关履行职责对污染环境的个人和企业采取必要的措施。课以义务的救济措施主要针对的是行政不作为行为。③请求国家赔偿，即当行政机关的所采取的措施损害公民的权利并使公民受到经济损失时，或由于行政机关的行政不作为行为使公民的利益受到损害时，公民有权提起诉讼，要求国家赔偿其经济损失。日本《国家赔偿法》第 2 条规定，道路、河川及其他公共营造物的设置或管理存在瑕疵，给他人造成损害的，国家或地方公共团体，应当对此承担赔偿责任。❶ 这一诉讼实施的前提条件在于政府机关的环境措施违法，目的在于保障当事人的环境权益。❷

与美国的公民诉讼相比，日本的民众诉讼所依据的是《行政诉讼法》，并非相关环境保护法。日本环境法是在传统的诉讼体系中救济环境公益，民诉重在事后救济，而公益行政诉讼意在监督政府机构是否及时、合理地履行环保职能。故诉讼是假，督政是真。❸ 此外，美国的公民诉讼制度在相关的环境保护法当中均

---

❶ 交告尚史，等.日本环境法概论[M].田林，丁倩雯，译.北京：中国法制出版社，2014：246.

❷ 徐芳芳，司林波.日本生态问责述评[J].中共青岛市委党校青岛行政学院学报，2016（4）：35.

❸ 吴怡.浅析环境公益司法救济路径之选择[J].中国人口·资源与环境，2017（S2）：72.

有规定，因此更具可操作性。同时，美国的公民诉讼无论是原告的资格范围，还是被告的范围均比日本广泛，因此具有更好的可适用性。

（三）德国

作为大陆法系的德国，与英美国家的环境公益诉讼不同，其公益诉讼仅限于行政诉讼的方式，出发点是维护环境行政秩序和环境执法的正确性。德国的环境公益诉讼主要是通过其团体诉讼制度实现的。团体诉讼制度是指有权利能力的公益团体，基于团体法人自己的实体权利，依照法律规定，就他人违反特定禁止性规定的行为或无效行为请求法院命令他人终止或撤销其行为的特别诉讼制度。❶1979 年开始，德国部分州开始在州《自然保护法》中赋予自然保护团体诉权，在自然保护领域中逐渐引入团体诉讼。德国悠久的团体诉讼历史和强大的环境团体成为环境团体诉讼产生的最佳催化剂。2002 年，德国联邦政府在联邦《自然保护法》中确立了自然保护团体诉讼制度。联邦《自然保护法》促进了自然保护团体诉讼制度的确认、《奥胡斯公约》的签署和生效，以及欧盟执行《奥胡斯公约》的《欧盟公众参与指令》（2003/35/EC）的颁行，并促使德国在 2006 年颁布了《环境司法救济法》。该法进一步发展了自然保护团体诉讼制度，并明确了环境团体诉讼制度。❷

1. 原告的资格

由于大陆法系国家认为，维护环境利益并不是个人的私人利

---

❶ 陈荣宗. 美国全体诉讼与西德团体诉讼（上）[J]. 法学丛刊, 1985（118）：35–38.

❷ 谢伟. 德国环境团体诉讼制度的发展及其启示[J]. 法学评论, 2013（2）：110.

益，而是其波及性利益，因此，公民没有起诉的权利。这一观念也反应在对环境公益诉讼中原告资格的严格限制方面，即仅限于选定的代表人或某些有信誉的环保团体。德国一直强调设立上述限制的立法初衷并非为了永久性的监管，而是旨在确保提起诉讼的非政府组织足够专业化。❶1960年颁布的《德国法院法》专门确立了公益代表人制度，由公益代表人起诉侵犯环境公益的行政违法行为，扩大了公益代表人的范围，环境保护组织也享有环境公益诉讼原告的资格。❷随着实践的发展，将原告的资格仅限于团体削弱了个人保护环境的积极性。对于一些与公民生活息息相关的环境污染行为，如果有关团体不协助提起诉讼，公民将无法通过法律的手段来维护自己的权益。在经历了早期较保守的实践后，德国的资格确认活动实际上已相当宽松，大量环保团体在联邦或州的层面获得确认（因其活动地域范围而定）❸。在随后的立法当中，德国开始扩大原告的主体范围，允许私人作为环境公益诉讼制度的主体。例如，《联邦水道法》《联邦原子能法》《联邦公害防治法》等都规定了个人提起环境公益诉讼的权利和程序。

2. 诉讼的种类

与日本的民众诉讼制度相似，德国的团体诉讼只能对行政机关提起，私人、企业和其他社会团体不能作为团体诉讼的被告。与日本不同的是，日本的民众诉讼可以针对行政机关的行政作

---

❶ 参见ECKARD REHBINDER. Collective Court Actions for Protecting the Environment in the EU and Germany（Speech delivered at the Counsellors' Office of the Shanghai Municipal People's Government，30 October 2014）。

❷ 罗杰·法伯. 环境法概要[M]. 杨广俊，等，译. 北京：中国社会科学出版社，1997：204.

❸ 高琪. 我国环境民事公益诉讼的原告适格限制——以德国利他团体诉讼制度为借鉴[J]. 法学评论，2015（3）：148.

为，也可以针对行政机关的行政不作为。而德国的团体诉讼只能针对行政机关的不作为。依《环境司法救济法》和司法解释判例的扩张解释，环境团体诉讼主要针对行政不当作为和行政不作为两种情况。❶由于德国行政法中的行政行为类型多样，因而行政诉讼类型也比较多，主要包括：一是针对已作出行政行为的撤销之诉，或部分撤销之诉；二是针对行政不作为的义务之诉；三是确认行政行为无效的确认之诉；四是一般给付之诉。❷原告一般只能提起确认之诉或变更之诉，主要是不作为请求之诉。

3. 救济措施

由于德国的团体诉讼针对的是行政机关的行政不作为行为，因此其救济措施主要是请求行政机关履行其职责，对相关的环境污染和破坏行为进行限制和禁止，且原告并没有请求损害赔偿的权利。与美国和日本相比，德国环境公益诉讼救济措施的范围显然太小。

可见，美国、日本、德国在环境公益诉讼的制度方面各不相同。首先，就原告主体资格而言，美国的公民诉讼范围最大，既包括私人，也包括团体。而以德国为代表的大陆法系国家却仅限于团体。在环境公益诉讼中，维护环境的安全性与个人的生存和发展密切相关，个人也是环境保护中最重要的力量。因此，扩大原告主体的范围，显然更有利于环境公益诉讼制度的发展。其次，就被损害环境利益与原告的关联程度而言，美国和日本都由最初的要求"当事人的合法权利受到实际损害"发展到"只要环境损害行为威胁到当事人的利益"就可提起诉讼。最后，就被诉对象而言，美国的公民诉讼制度既包括个人、团体、政府，也包括行政机

---

❶ 谢伟. 德国环境团体诉讼制度的发展及其启示[J]. 法学评论，2013（2）：113.

❷ 刘飞. 德国公法权利救济制度[M]. 北京：北京大学出版社，2009：78.

关；既包括行政作为行为，也包括行政不作为行为。而日本和德国只局限于行政机关，德国更是仅限于行政机关的不作为行为。实际上，损害环境公益的主体是多种多样的，其行为的表现形式也是多种多样的，环境公益诉讼制度的完善符合实践中的需要。

三、自然遗产保护中环境公益诉讼制度的必要性

在自然遗产保护过程中，建立环境公益诉讼制度，主要基于以下三个方面的原因。

（一）自然遗产保护与破坏的矛盾日益尖锐是建立环境公益诉讼制度的现实依据

近年来，随着经济的不断发展，工业化进程的不断加快，自然遗产保护与破坏的矛盾日益尖锐。城市化的发展，使人们大量建设房屋、娱乐场所等，自然遗产的生存空间正在一点点被蚕食。同时，出于对经济利益的追求，许多工厂不顾后果，大量排放废水、废气和废物，严重危害了自然遗产的生存和可持续利用。自然遗产具有不可逆性和不可再生性，一旦被破坏，损失是巨大的，甚至会导致某一自然遗产在地球上的永久性消失。因此，我们必须建立自然遗产环境公益诉讼制度，一方面对人们进行教育，对其破坏行为起威慑作用；另一方面，当损害后果发生时，能够进行及时、有效、充分的救济。

（二）传统诉讼制度在保护自然遗产方面的缺陷是建立环境公益诉讼制度的客观需求

由于自然遗产是全人类的共同遗产，因此，其所代表的利益是公共利益，而非私人利益。然而，传统的诉讼制度中，无论是

刑事诉讼、民事诉讼和行政诉讼，似乎都无法满足保护自然遗产的需要。刑事诉讼虽然可以对破坏环境的犯罪行为提起诉讼，并具有保护公益的性质，但是在现实中，大量破坏自然遗产的行为尚不构成犯罪，因此刑事诉讼发挥的效用极其有限。而就民事诉讼而言，其所涉及的是私人利益之间的诉讼，无法适用于公益的保护。行政诉讼针对的是行政机关的作为和不作为行为，当行政机关的作为与不作为行为与自然遗产保护相关时，虽然可以适用传统诉讼制度，但大多数自然遗产破坏行为人是自然人或法人，而并非行政机关。依照传统的行政法理论，行政权一向被视为公共利益的主要代表，其基本任务就是保护公共利益，实现公共政策。环境公益诉讼制度赋予有关机关和社会组织通过诉讼保护环境公共利益的权利，司法也因此具有了参与环境治理、保护公共利益的权力。❶

（三）建立自然遗产环境公益诉讼制度是时代发展的趋势

1998 年 6 月 25 日，欧洲委员会通过的《奥胡斯公约》（全称《公众在环境事务中获得信息、参与决策与诉诸司法权力的奥胡斯公约》）规定，"公民参与除了重要的决策参与，还包括对各种涉及环境利益的行为进行监督、检举、控告，尤其是提起诉讼，而且各国必须保证公民提起诉讼的权利"❷。这一规定是对环境公益诉讼制度构建的一大突破，也是建立该制度的国际法依据。同时，联合国环境与发展委员会于 1992 年在里约热内卢召开的会

❶ 朱丽. 美国环境公共利益司法保护制度与实践对我国的启示[J]. 环境保护，2017（21）：66.

❷ 颜运秋. 论环境与资源诉讼中的公益理念[J]. 甘肃政法学院学报，2007（4）：56–58.

议上发表了《里约宣言》（又称《环境宪章》），其中原则十指出：
"在国家一级，每个人应有适当的途径获得有关公共机构掌握的
环境问题的信息，其中包括关于他们的社区内有害物质和活动的
信息，而且每个人应有机会参加决策过程。各国应广泛地提供信
息，从而促进和鼓励公众的了解和参与。应提供采用司法和行政
程序的有效途径，其中包括赔偿和补救措施。"

四、自然遗产保护中环境公益诉讼制度的可行性

目前，环境公益诉讼制度在自然遗产保护中发挥的作用有
限，但在一些国家的立法和司法实践中，已经开始将环境公益诉
讼制度应用于自然遗产保护领域。

（一）立法上的可行性

一些国家已经开始在立法中明确规定，环境公益诉讼制度
可以应用于自然遗产保护。例如，意大利 1986 年 7 月 8 日发布
的第 349 号法令规定，"如果行政行为的许可、拒绝或者不作为
违反了对自然的保护及对自然景观的维护，那么某些被认可的团
体，即便其权利并未受到侵害，也有权对该行政行为提起诉讼"❶。
此外，美国、日本与德国规定的环境公益诉讼制度或民众诉讼制
度或集团诉讼制度均可适用于自然遗产保护领域。

（二）司法上的可行性

目前，在司法实践中已经出现了许多在自然遗产保护领域适

---

❶ 胡靓. 环境行政公益诉讼——公众环境权的程序法保障[C]//中国法学
会环境资源法学研究会年会论文集，2003：96.

用环境公益诉讼制度的案例。例如，在"保护奥弗顿公园的公民组织诉沃尔普"案❶中，保护奥弗顿公园的公民组织认为，在奥弗顿公园建立的州际高速公路将严重破坏该公园的生态环境，损害了公共利益，因此向最高法院提起诉讼。最后，法院支持了原告的主张，认为应当减少对公园的损害。此外，田纳西流域管理局诉赫尔❷、塞拉俱乐部诉莫顿❸等案均是环境公益诉讼制度在自然遗产保护领域的运用。

（三）自然遗产保护中环境公益诉讼制度的适用问题

虽然在立法与实践中，环境公益诉讼制度已经开始在自然遗产保护领域发挥作用，但是并没有得到更为广泛的应用。首先，环境公益诉讼制度虽然已经产生，但仅局限于少数国家，其尚未成熟；其次，人们保护自然遗产的意识仍然十分淡薄，往往不会因为自然遗产的公共利益受到侵犯而主动寻求公力救济；最后，立法上的不明确使环境公益诉讼制度的适用在一定程度上缺乏指导性。因此，环境公益诉讼制度在自然遗产保护领域要发挥其应有的作用，除了提高人们的环保意识外，更重要的是在立法上对以下问题加以明确。

第一，自然遗产环境公益诉讼中原告的资格。由于自然遗产并非私人所有，因此在自然遗产的侵权行为中，受到损害的并非是个人的私利，而是公共利益。在确定原告资格时究竟是以"实

---

❶ 参见Citizen to Preserve Overton Park，Inc. v. Volpe，401 U. S. 402（1971）。

❷ 参见Tennessee Valley Authority v. Hill et al.，437 U. S. 153（1978）。

❸ 参见Sierra Club v. Morton，405 U. S. 727（1972）。

际损害原则"为依据，还是以"事实损害原则"为依据？前者要求原告的利益必须受到实际损害，才可以提起诉讼，而后者则要求只要原告的利益受到波及和影响，就可以提起诉讼。从美国和日本的立法实践来看，两者都经历了从"实际损害原则"向"事实损害原则"转变的过程，这一趋势也体现了人们在立法价值上的转变。在自然遗产侵权案件中，侵权行为人损害的是公共利益而并非某个人的私人利益，虽然个人并未从中受到直接的损失，但这种公共利益的损害在价值上却是远重于个人利益的。如果以"实际损害原则"作为自然遗产公益诉讼前提的话，就会产生事不关己、高高挂起的局面。因此，应当以"事实损害原则"为前提，从而最大限度地发挥公益诉讼制度的作用。在原告的人数方面，美国的立法允许以个人的名义提起诉讼，而德国则要求必须是以团体的名义提起诉讼。两者各具优点，个人诉讼的方式更加灵活，而团体诉讼的方式可以使原告的力量更加强大，因为在环境公益诉讼中，原告所面对的往往是势力庞大的公司或其他经济实体。在自然遗产环境公益诉讼制度中，应当将两者结合起来，既允许以个人的名义提起诉讼，也允许以团体的名义提起诉讼，以使更多的人参与到自然遗产保护的行动中来。

第二，关于自然遗产公益诉讼的种类。在美国的环境公益诉讼制度中被告可以分为两类：一是任何人或机构，包括个人、公司、联邦、州政府和美国政府。另外享有环境执法权的行政机构，如商务部、运输部等，同样可能成为公民诉讼中的被告。二是没有履行法定职责的环境保护局局长。在日本和德国的公益诉讼制度中，被告只能是没有履行职责的行政机关。在自然遗产侵权行为中，绝大多数的侵权行为来自私人和团体，而这些行为与行政机关的作为或不作为相比，对自然遗产的破坏更加严重和可怕。因此，在自然遗产公益诉讼制度中，应当借鉴美国的做法，被告不仅仅是没有履行职责的行政机关，更应当包括实施自然遗产侵权行为的自然人和法人。

第三，自然遗产公益诉讼制度的救济措施。根据自然遗产的自身特点，自然遗产公益诉讼的救济措施应当包括以下几种：一是禁止令，即法院通过发布禁止令，要求破坏自然遗产保护的私人和团体停止其污染行为。对于已经建成的破坏自然遗产的建筑和设施应当予以拆除。二是罚款，对于破坏自然遗产的行为人，应当根据其情节的恶劣程度及损害后果的严重程度，处以罚款。由于自然遗产并非归个人所有，因此罚款应当上缴国库，由国家将其用于自然遗产的日常修复和维护。三是恢复原状，除了对自然遗产破坏行为人处以经济上的惩罚外，还应当责令其对破坏行为进行补救，恢复自然遗产破坏前的原貌。

小　结

自然遗产保护与开发之间的矛盾是一对永恒的主题。随着科学技术的发展、全球化程度的加深，自然遗产保护与开发利用之间的冲突，出现了许多新的表现形式。如何运用法律的手段来解决这些现实中存在的问题，是摆在我们面前的重要课题。自然遗产是大自然赐予人类的宝贵财富，具有不可再生性和不可复制性。因此，我们在开发和利用自然遗产的过程中，应当以保护为前提，适度开发、合理利用。目前，与自然遗产保护相关的现实困境存在于多个领域，无论是国际投资、国际贸易，还是水利建设等，都存在着与自然遗产保护相冲突的情形。此外，自然遗产保护的争端近几年趋于突破国家的界限，演变成跨国性的国际争端。问题在于，现有的法律制度在面对这些新形式的争议时，却显得力不从心。因此，我们应当采取相应的法律对策来有效地解决这些争议。一方面，相关国际组织和机构应当发挥作用，制定相应的条约来处理这些现实中存在的问题；另一方面，各国应当完善自己的立法，对这些实践中的新问题作出积极的回应。

同时，我们应当建立起有效的法律救济制度，为自然遗产的相关争议解决提供司法途径。环境公益诉讼制度是用来解决环境纠纷的重要制度，其同样适用于自然遗产保护领域。

自然遗产保护是一项功在当代、利在千秋的长远大计，我们在自然遗产的开发与利用过程中，应当将局部利益与整体利益、眼前利益与长远利益结合起来，有节制、有限度地开发和利用自然遗产，实现自然遗产的永续发展。本章只是对自然遗产保护现实困境的几个表现形式进行了梳理，而实际上，自然遗产保护中存在的问题还很多。归根到底，都是因为利益的驱使。因此，在解决自然遗产保护现实困境问题上，法律手段只能是事后救济，只能治标，不能治本。要想从源头上杜绝破坏自然遗产的行为，还需要人们的自律。

第五章

我国自然遗产保护的法律现状及完善 *

随着经济的不断发展，人们的环保意识不断增强，无论是我国政府还是人民，都开始越来越多地关注自然遗产的保护。从加入相关国际条约到颁布相关立法，我国已经初步形成了自然遗产保护的法律框架。然而，尽管我国已经在自然遗产立法方面取得了一定的成就，但由于起步较晚，立法水平和技术落后，我国目前的自然遗产立法仍无法满足实践的需要，许多问题亟待完善。

第一节　我国自然遗产保护的法律现状

一、我国加入自然遗产保护公约的历史与行动

1985 年，经第六届全国人民代表大会常委会批准并承认我国加入了《世界遗产公约》。成为公约的缔约国之后，我国与联合

---

　* 本章主要内容已发表。见马明飞. 我国自然遗产保护立法的困境与对策[J]. 社会科学研究，2013（6）.

国教科文组织及其他国家合作，开展了一系列旨在保护自然遗产的活动。例如，2010 年 5 月 28 日至 30 日，国际风景园林师联合会（IFLA）第 47 届大会在苏州召开，这是大会首次在中国举办。2009 年 3 月 24 日，世界银行贷款甘肃文化自然遗产保护与开发项目在麦积山风景名胜区正式启动。世界银行贷款甘肃文化自然遗产保护与开发项目是我国首次借用世界银行贷款用于自然遗产领域的保护和开发的项目。项目总投资 4.5 亿元人民币，其中世界银行贷款 3840 万美元，贷款还款期 20 年。项目涉及酒泉、嘉峪关、张掖、白银、兰州、天水 6 个市，麦积山风景名胜区、嘉峪关关城、魏晋墓民俗文化旅游景区、敦煌雅丹国家地质公园、锁阳城遗址、马蹄寺风景名胜区、黄河石林国家地质公园、鲁土司衙门旅游景区、青城古镇旅游景区 9 个景区，重点建设景区基础设施和文物保护工程，同时开展项目管理人员的培训、项目区居民的培训及相关非物质文化遗产的研究和保护。[1]2007 年 11 月 5 日至 8 日，第三届世界自然遗产大会在四川省世界遗产地峨眉山召开。来自联合国教科文组织世界遗产中心、世界自然保护联盟，其他科研机构、国家和地方政府及世界遗产地的 400 余名代表参加了此次会议。与会者都清楚地认识到在《世界遗产公约》框架下成员国的责任和国际责任，关注过度旅游给世界遗产地带来的挑战和发展机会，以及最大程度减少负面影响。2005 年 10 月，世界遗产论坛第一次大会在四川峨眉山温泉度假区举行，制定了未来一年全球环境保护与经济共荣计划。2004 年 6 月 28 日至 7 月 7 日，在苏州举行了联合国教科文组织第 28 届世界遗产

---

[1] 世行贷款甘肃文化自然遗产保护开发项目在我市启动[N]. 天水日报，2009-03-25.

委员会会议。本次大会通过了《苏州宣言》，呼吁与会各国将青少年作为世界遗产保护教育的重点，积极向青少年提供有关服务和指导。宣言指出，国际社会和各国政府应加强有关青少年教育的国际合作，帮助欠发达地区建立切实可行的教育机制并提供有效的资金支持。❶此外，1991 年至今，中国慕田峪长城和周口店北京人遗址均获得了国际修复捐款和技术设备援助，黄山、丽江古城和武夷山得到了教科文组织的紧急救灾捐款。

可以说，中国在加入《世界遗产公约》后，开展了一系列与自然遗产、文化遗产保护相关的活动，并与联合国教科文组织和其他组织，以及其他国家和地区开展了一系列合作，显示了一个大国在自然遗产保护领域的积极姿态，为世界自然遗产的保护做出了贡献。

除了《世界遗产公约》外，为了加强国际的合作，以共同保护全人类的自然遗产与文化遗产，我国政府还先后加入了《关于禁止和防止非法进出口文化财产和非法转让其所有权的方法的公约》和《国际统一私法协会关于被盗或者非法出口文物的公约》。

二、我国保护自然遗产的主要成果

我国在 1985 年正式加入《世界遗产公约》，并于 1986 年向世界遗产委员会提交了中国首批自然遗产和文化遗产清单。截至 2009 年，我国已有 14 项自然遗产、4 项自然与文化双重遗产被

---

❶ 第28届世遗大会闭幕 通过"苏州决定"和"苏州宣言"[EB/OL].（2004–07–08）[2020–03–16]. http://www.people.com.cn/GB/wenhua/22219/2623714.html.

列入《世界遗产名录》。

1987 年 12 月 7 日至 12 日，世界遗产委员会在法国巴黎召开的第 11 届全体会议上，中国泰山风景名胜区作为自然与文化双重遗产被列入《世界遗产名录》。1992 年 12 月 7 日至 14 日，世界遗产委员会在美国圣达菲召开的第 16 届全体会议上，中国九寨沟风景名胜区、黄龙风景名胜区、武陵源风景名胜区作为自然遗产被列入《世界遗产名录》，同时黄山作为自然与文化双重遗产也被列入《世界遗产名录》。2003 年 7 月 2 日，世界遗产年会在法国巴黎召开的第 27 届全体会议上，表决通过中国"三江并流"作为自然遗产列入《世界遗产名录》。1997 年 12 月 1 日至 6 日，世界遗产年会在意大利那不勒斯召开的第 21 届全体会议上，表决通过中国峨眉山 – 乐山大佛风景名胜区作为自然与文化双重遗产列入《世界遗产名录》。1999 年 11 月 29 日至 12 月 4 日，世界遗产年会在摩纳哥马拉喀什召开的第 23 届全体会议上，表决通过中国武夷山作为自然与文化双重遗产列入《世界遗产名录》。2006 年 7 月 8 日至 16 日，在立陶宛首都维尔纽斯召开的世界遗产大会第 30 届会议上，四川大熊猫栖息地作为自然遗产被列入《世界遗产名录》。2007 年 6 月 23 日至 7 月 3 日，在新西兰"花园城市"基督城举行的世界遗产大会第 31 届会议上，"中国南方喀斯特"作为自然遗产被列入《世界遗产名录》。2008 年 7 月 2 日至 10 日，在加拿大魁北克召开的第 32 届世界遗产大会上，三清山国家公园作为自然遗产被列入《世界遗产名录》。2010 年 7 月 25 日至 8 月 3 日，在巴西利亚举行的第 34 届世界遗产大会上，"中国丹霞"作为自然遗产被列入《世界遗产名录》。2012 年 6 月 24 日至 7 月 6 日，在俄罗斯圣彼得堡举行的第 36 届世界遗产大会上，澄江化石遗址被列入《世界遗产名录》，成为我国第一个化石类世界遗产，填补了我国化石类自然遗产的空白。2013年6月16日至27日在柬埔寨首都金边召开的第37届世界遗产大会上，中国新疆天山列入《世界遗产名录》。2016年7月10日至16日，在土耳其伊斯坦布尔举行的第40届世界遗产大会上，中国湖北神农架被列入《世界遗产名录》。2017年7月2日至12日在波兰克拉科夫举行的第41届世界遗产大会上，中国青海可可西里被列入《世界遗产名录》。2018年6月24日至7月4日在巴林首都麦纳麦召开的第42届世界遗产大会上，中国梵净山被列入《世界遗产名录》。2019年6月30日至7月10日，在阿塞拜疆首都巴库召开的第43届世界遗产大会上，中国黄（渤）海候鸟栖息地（第一期）被列入《世界遗产名录》，这是我国第一块、全球第二块潮间带湿地世界遗产，填补了我国滨海湿地类世界自然遗产空白。第44届世界遗产大会于2020年8月在中国福建省福州市举办。

三、我国自然遗产保护的立法情况

自1985年12月加入《世界遗产公约》以来，中国已成为世界遗产数量增长最快的国家之一。我国加入《世界遗产公约》以来，依托风景名胜区等法定保护地体系，通过加强法制建设、设立管理机构、强化技术支撑，已初步建立起符合中国国情的世界自然遗产保护机制。❶目前，我国的自然遗产保护法律渊源主要包括宪法、法律、行政法规与地方性法规等。除了国家制定的全

---

❶ 我国初步建立符合国情的世界自然遗产保护机制[J]. 城市规划通讯，2019（11）：14.

国性的法律法规外，还有许多地方制定的地方性法规。具体而言，包括以下几个方面。

（一）国家自然遗产保护立法

1. 宪法

《中华人民共和国宪法》作为我国的根本大法，第9条第2款规定："国家保障自然资源的合理利用，保护珍贵的动物和植物。禁止任何组织或者个人用任何手段侵占或者破坏自然资源。"第22条第2款规定："国家保护名胜古迹、珍贵文物和其他重要历史文化遗产。"第26条规定："国家保护和改善生活环境和生态环境，防治污染和其他公害。"这些条款是我国保护自然遗产的宪法依据。

2. 法律

我国法律即指由全国人民代表大会和全国人民代表大会常务委员会颁布的法律。我国现行与自然遗产保护相关的法律主要有《中华人民共和国环境保护法》（以下简称《环境保护法》）、《中华人民共和国文物保护法》（以下简称《文物保护法》）、《中华人民共和国矿产资源法》（以下简称《矿产资源法》）、《中华人民共和国森林法》（以下简称《森林法》）、《中华人民共和国草原法》（以下简称《草原法》）、《中华人民共和国野生动物保护法》（以下简称《野生动物保护法》）、《中华人民共和国城乡规划法》（以下简称《城乡规划法》）、《中华人民共和国刑法》（以下简称《刑法》）、《中华人民共和国治安管理处罚法》（以下简称《治安管理处罚法》）等。具体内容见表1。

表1 有关自然遗产保护的法律

法律名称	相关条款内容	意义
《环境保护法》（2014修订）	第29条："……各级人民政府对具有代表性的各种类型的自然生态系统区域，珍稀、濒危的野生动植物自然分布区域，重要的水源涵养区域，具有重大科学文化价值的地质构造、著名溶洞和化石分布区、冰川、火山、温泉等自然遗迹，以及人文遗迹、古树名木，应当采取措施加以保护，严禁破坏。" 第30条："开发利用自然资源，应当合理开发，保护生物多样性，保障生态安全，依法制定有关生态保护和恢复治理方案并予以实施。……"	保护自然遗产环境
《文物保护法》（2017修正）	第6条："属于集体所有和私人所有的纪念建筑物、古建筑和祖传文物以及依法取得的其他文物，其所有权受法律保护。文物的所有者必须遵守国家有关文物保护的法律、法规的规定。"	保护古迹
《矿产资源法》（2009修正）	第20条："非经国务院授权的有关主管部门同意，不得在下列地区开采矿产资源……（五）国家规定的自然保护区、重要风景区，国家重点保护的不能移动的历史文物和名胜古迹所在地……"	保护自然遗产及其保护区内的矿产资源
《森林法》（2019修订）	第31条："国家在不同自然地带的典型森林生态地区、珍贵动物和植物生长繁殖的林区、天然热带雨林区和具有特殊保护价值的其他天然林区，建立以国家公园为主体的自然保护地体系，加强保护管理。……县级以上人民政府应当采取措施对具有特殊价值的野生植物资源予以保护。"	保护森林遗产

法律名称	相关条款内容	意义
《森林法》（2019修订）	第39条："禁止毁林开垦、采石、采砂、采土以及其他毁坏林木和林地的行为。禁止向林地排放重金属或者其他有毒有害物质含量超标的污水、污泥，以及可能造成林地污染的清淤底泥、尾矿、矿渣等。禁止在幼林地砍柴、毁苗、放牧。禁止擅自移动或者损坏森林保护标志。" 第40条："国家保护古树名木和珍贵树木。禁止破坏古树名木和珍贵树木及其生存的自然环境。"	保护森林遗产
《草原法》（2013修正）	第43条："国务院草原行政主管部门或者省、自治区、直辖市人民政府可以按照自然保护区管理的有关规定在下列地区建立草原自然保护区：（一）具有代表性的草原类型；（二）珍稀濒危野生动植物分布区；（三）具有重要生态功能和经济科研价值的草原。" 第44条："县级以上人民政府应当依法加强对草原珍稀濒危野生植物和种质资源的保护、管理。"	保护草原遗产
《野生动物保护法》（2018修正）	第12条："国务院野生动物保护主管部门应当会同国务院有关部门，根据野生动物及其栖息地状况的调查、监测和评估结果，确定并发布野生动物重要栖息地名录。省级以上人民政府依法划定相关自然保护区域，保护野生动物及其重要栖息地，保护、恢复和改善野生动物生存环境。对不具备划定相关自然保护区域条件的，县级以上人民政府可以采取划定禁猎（渔）区、规定禁猎（渔）期等其他形式予以保护。禁止或者限制在相关自然保护区域内引入外来物种、营造单一纯林、过量施洒农药等人为干扰、威胁野生动物生息繁衍的行为。相关自然保护区域，依照有关法律法规的规定划定和管理。"	保护野生动物资源

法律名称	相关条款内容	意义
《野生动物保护法》（2018修正）	第 13 条："……禁止在相关自然保护区域建设法律法规规定不得建设的项目。机场、铁路、公路、水利水电、围堰、围填海等建设项目的选址选线，应当避让相关自然保护区域、野生动物迁徙洄游通道；无法避让的，应当采取修建野生动物通道、过鱼设施等措施，消除或者减少对野生动物的不利影响。建设项目可能对相关自然保护区域、野生动物迁徙洄游通道产生影响的，环境影响评价文件的审批部门在审批环境影响评价文件时，涉及国家重点保护野生动物的，应当征求国务院野生动物保护主管部门意见；涉及地方重点保护野生动物的，应当征求省、自治区、直辖市人民政府野生动物保护主管部门意见。"	保护野生动物资源
《城乡规划法》（2019年修正）	第 17 条："……自然与历史文化遗产保护以及防灾减灾等内容，应当作为城市总体规划、镇总体规划的强制性内容。……" 第 18 条："乡规划、村庄规划应当从农村实际出发，尊重村民意愿，体现地方和农村特色。乡规划、村庄规划的内容应当包括：……对耕地等自然资源和历史文化遗产保护、防灾减灾等的具体安排。……"	保护自然遗产、文化遗产及文化景观
《刑法》（2017修正）	涉及污染环境罪，非法处置进口的固体废物罪，非法捕捞水产品罪，非法猎捕、杀害珍贵、濒危野生动物罪，非法占用农用地罪，非法采矿罪，非法采伐、毁坏国家重点保护植物罪，盗伐林木罪，单位犯破坏环境资源罪的处罚规定。	对破坏自然遗产及自然资源的罪行加以规定

法律名称	相关条款内容	意义
《治安管理处罚法》（2012 修正）	第 63 条："有下列行为之一的，处警告或者二百元以下罚款；情节较重的，处五日以上十日以下拘留，并处二百元以上五百元以下罚款：（一）刻划、涂污或者以其他方式故意损坏国家保护的文物、名胜古迹的；（二）违反国家规定，在文物保护单位附近进行爆破、挖掘等活动，危及文物安全的。"	对破坏自然遗产及自然资源的行政处罚加以规定

3. 行政法规与部门规章

行政法规是最高国家行政机关国务院制定的有关国家行政管理方面的规范性文件，其地位和效力低于宪法和法律。我国目前颁布的行政法规当中，涉及自然遗产保护的主要有《中华人民共和国自然保护区条例》《中华人民共和国野生植物保护条例》《风景名胜区管理暂行条例》等。其中，最具有代表性的《中华人民共和国自然保护区条例》共分 5 章 44 条，对我国自然保护区的建设和管理提出了较为详细的规定。中华人民共和国自然保护区条例第 2 条规定："本条例所称自然保护区，是指对有代表性的自然生态系统、珍稀濒危野生动植物物种的天然集中分布区、有特殊意义的自然遗迹等保护对象所在的陆地、陆地水体或者海域，依法划出一定面积予以特殊保护和管理的区域。"这些行政法规都从不同方面对自然遗产和自然资源保护作出了规定。

部门规章是国务院各部门、各委员会、审计署等根据宪法、法律行政法规的规定和国务院的决定，在本部门的权限范围内制定和发布的调整本部门范围内的行政管理关系的、并不得与宪法、法律和行政法规相抵触的规范性文件。目前,我国颁布的行政规章中,涉及自然遗产保护的有《森林和野生动物类型自然保护区管理办法》《海洋自然保护区管理办法》《地质遗迹保护管理规定》《自然保护区土地管理办法》《中华人民共和国水生动植物自然保护区管理办法》《建设部关于加强风景名胜区规划管理工作的通知》等。

(二)地方自然遗产保护立法

地方性法规是指最高国家权力机关,即全国人民代表大会及其常务委员会,通过法律授权或特别权的形式赋予地方国家权力机关,根据本行政区域的具体情况和实际需要,依法制定的在本行政区域内具有法律效力的规范性文件。

我国领土范围广大,自然遗产分布在各地,地方政府通过制定地方性法规的方式,可以因地制宜保护本辖区内自然遗产。目前,自然遗产保护地方性立法包括《四川省世界遗产保护条例》《福建省武夷山世界文化和自然遗产保护条例》《湖南省武陵源世界自然遗产保护条例》《云南省三江并流世界自然遗产地保护条例》《云南省石林彝族自治县石林喀斯特世界自然遗产地保护条例》《云南省澄江化石地世界自然遗产保护条例》《黔东南苗族侗族自治州施秉喀斯特世界自然遗产保护条例》《峨眉山世界文化和自然遗产保护条例》等。此外,许多地方各级人大常委会和政府结合本地区自然遗产的特点和实际情况,制定了一系列自然遗产保护管理条例和办法,对保护该地区的自然遗产起到了积极的推动作用。

第二节 我国自然遗产保护法律制度存在的问题

一、立法滞后

一国自然遗产保护立法的完备程度，是该国自然遗产保护水平最直接的体现。无论是美国还是欧洲国家，都有完备的自然遗产保护立法体系。我国目前已有一定数量保护自然遗产的法律法规，但还未没有形成一套成熟的、系统的保护自然遗产的法律体系。

作为世界上自然遗产最丰富的大国之一，作为《世界遗产公约》的缔约国，我国对自然遗产的保护主要依赖于《环境保护法》《文物保护法》《矿产资源法》《森林法》《草原法》《野生动物保护法》《城乡规划法》《刑法》《治安管理处罚法》等规定的零星条款，其内容或仅仅涉及草原、森林、野生动植物等自然遗产的某一方面，或规定原则性太强，缺乏可操作性。这就使自然遗产保护的立法在适用过程中大打折扣。1994年，国务院令第167号发布《中华人民共和国自然保护区条例》；2006年，国务院令第474号发布《风景名胜区条例》。可以说，世界自然遗产保护在专门性立法缺位的情况下一直根据情况适用关于风景名胜区和自然保护区法规的规定。❶ 以《中华人民共和国文物保护法》为例，该法虽然涉及古迹等类型的自然遗产保护，但绝大多数条

---

❶ 陈润根. 我国民族地区世界自然遗产法律保护的不足及完善——以贵州荔波为例[J]. 贵州民族研究，2018（8）：19.

款均为文物或文化遗产保护，无法适用于表现形式多样的自然生态遗产。再以《风景名胜区管理暂行条例》为例，该条例第 2 条规定："凡具有观赏、文化或科学价值，自然景物、人文景物比较集中，环境优美，具有一定规模和范围，可供人们游览、休息或进行科学、文化活动的地区，应当划为风景名胜区。"该条例针对的是风景名胜区的保护，风景名胜区与自然遗产是两个截然不同的概念，虽然自然遗产能够达到风景名胜区的标准，但并非所有的风景名胜区都可以成为自然遗产。以风景名胜区的保护方式来保护自然遗产，显然在立法层次上比较低，无法达到自然遗产保护的要求。

我国宪法对国际条约的国内效力问题一直缺乏直接、明确的规定，也没有一部完整的自然遗产保护法来将《世界遗产公约》本土化，该公约在我国法律体系中的定位及效力不能有效地衔接，致使我国自然遗产保护立法与国际公约脱轨。❶ 可见，我国目前并没有真正的专项立法将自然遗产保护的方方面面纳入其中，现有的法律法规均对自然遗产保护的某一方面或自然遗产的某一类型加以规定。同时，对于世界文化和自然遗产的保护性法规在国内现行的诸多法规条例中虽然有所体现，但是体现出来的内容大多是分散的、不完整的，没有系统、合理的关于世界文化与自然遗产保护的政策规章。自然遗产保护领域的基本法缺位，地方自然遗产立法缺乏协同考量，使自然遗产保护法律体系难以形成和维系。❷ 立法上的滞后，使我国在自然遗产保护

---

❶ 高利红，程芳. 我国自然遗产保护的立法合理性研究——兼评《自然遗产保护法》征求意见稿草案[J]. 江西社会科学，2012（1）：155.

❷ 李挺. 整体性思维背景下的我国自然保护地立法——以法律体系的建构与整合为视角[J]. 环境保护，2019（9）：54.

方面存在很多真空地带，许多自然遗产的保护处于无法可依的局面。

二、立法体系的冲突

体系化的法律建构可以提高法律的利用效率，减少对立法资源的过分占用和浪费。❶ 2004 年，国务院办公厅转发了文化部、建设部、文物局等 9 个部门《关于加强我国世界文化遗产保护管理工作的意见》。该意见指出："各部门、各单位要明确责任，各司其职，密切配合，多层次、全方位地做好世界遗产的保护管理工作。保护、规划、管理和利用世界遗产资源，涉及文化、文物、计划、财政、教育、建设、国土、环保、林业等部门。各世界遗产地应建立有效的工作机制，加强对有关世界遗产工作的综合协调和宏观管理。各部门应在各级党委和政府的统一领导下，明确责任，相互协作，共同以大局为重，在各自的职权范围内切实做好工作。"这是我国首部关于《世界遗产公约》在国内贯彻执行的文件，也是中央及地方政府开展自然遗产保护工作的重要政策依据。该意见明确指出，各部门、各单位在自然遗产保护过程中应当密切配合，实现对自然遗产的综合协调和宏观管理。

然而，在实践过程中，由于自然遗产分属多个部门管理，同时地方政府又拥有一定的立法权，这就导致各个部门在管理过程中出现多头管理、缺乏协调的现象。"纵向分级，横向分散"是我国现有的环保行政体制表现出的结构特点，双重领导成为限制

---

❶ 李挺. 整体性思维背景下的我国自然保护地立法——以法律体系的建构与整合为视角[J]. 环境保护，2019（9）：54.

地方环保机构发展的重要原因。❶ 长期以来，还原性思维模式占主导的立法活动，将自然遗产保护的立法需求碎片化、个体化，这虽然充分考虑了不同类型自然遗产管理工作的差异，但也忽略了对于自然遗产保护共性的管理及保护需求的探究和整合。❷ 具体而言，表现在横向与纵向两方面。

从横向上看，我国自然遗产保护管理部门存在条块分割现象。自然保护区归国家环境保护总局管理，颁布了《中华人民共和国自然保护区条例》；国家森林公园归林业部管理，颁布了《森林公园管理办法》；而风景名胜区则由建设部主管，颁布了《风景名胜区管理暂行条例》。这些相应的管理办法和条例都是由这些部门各自起草的，相关规定难免会相互重复，有的地方甚至相互矛盾。例如，《中华人民共和国自然保护区条例》规定："在核心区和缓冲区不得建设任何生产设施，经环保部门的批准可在实验区内建设生产设施。"而《森林和野生动物类型自然保护区管理办法》将建立机构和修筑设施的批准权限划归林业部门，且没有分区对待。❸

从纵向上看，中央与地方在自然遗产保护立法方面缺乏协同。地方政府根据法律的授权，可以根据本行政区域的具体情况和实际需要，依法制定的在本行政区域内具有法律效力的规范性文件。因此，地方政府在自然遗产管理方面拥有一定程度的立法权。同时，一些法律、法规和条例也授权地方政府在自然遗产管

---

❶ 谢中起，李妍.地方环境监管部门不作为现象及其治理对策[J].唐山学院学报，2018（5）：95.

❷ 李挺.整体性思维背景下的我国自然保护地立法——以法律体系的建构与整合为视角[J].环境保护，2019（9）：54.

❸ 邓华陵，彭岚嘉.世界遗产的管理体系[J].天水师范学院学报，2003（4）：29.

理方面拥有一定的管理权。例如，《风景名胜区管理暂行条例》第 5 条规定："风景名胜区依法设立人民政府，全面负责风景名胜区的保护、利用、规划和建设。风景名胜区没有设立人民政府的，应当设立管理机构，在所属人民政府领导下，主持风景名胜区的管理工作。设在风景名胜区内的所有单位，除各自业务受上级主管部门领导外，都必须服从管理机构对风景名胜区的统一规划和管理。"这一授权方式使地方政府结合本地区的实际情况及本地区内自然遗产的特点因地制宜、因时制宜地实现自然遗产的保护，有利于发挥地方政府的主观能动性。

三、现行法律效力偏低

目前，在我国现有的自然遗产保护法律框架下，主要的法律文件是国务院及其所属部委制定的行政法规和部门规章，以及地方政府制定的地方性法规。现有的法律当中，如《环境保护法》《文物保护法》《森林法》《草原法》仅有个别条款涉及自然遗产的保护，发挥的作用极其有限，而且这些法律颁布的时间过早，许多内容已无法满足实践的需要。

在我国的法律框架内，主要发挥保护自然遗产作用的是行政法规和部门规章，如《中华人民共和国自然保护区条例》《中华人民共和国野生植物保护条例》《风景名胜区管理暂行条例》等，同时还有地方性法规。行政法规和部门规章的效力低于法律，而地方性法规只适用于某一行政区域或某处具体的自然遗产，如《云南省三江并流世界自然遗产地保护条例》仅适用于三江并流遗产地。这就使这些行政法规、规章及地方性法规发挥作用的空间极其有限，在很大程度上削弱了其作用。

四、可操作性不强

在我国现存自然遗产保护立法当中，许多规定多为禁止性或命令性规定，其过于抽象和原则化，在适用过程中不具有可操作性。例如，《自然遗产保护区条例》第 26 条规定："禁止在自然保护区内进行砍伐、放牧、狩猎、捕捞、采药、开垦、烧荒、开矿、采石、挖沙等活动；但是，法律、行政法规另有规定的除外。"虽然该条例具有极强的强制执行力，但由于其规定的内容过于宏观和概括，致使执行过程中缺乏一定的可操作性。同样的情况还存在于《风景名胜区管理暂行条例》当中，该条例第 8 条规定："风景名胜区的土地，任何单位和个人都不得侵占。"相比较而言，其他国家的立法却具有极强的操作性。以《美国阿肯色州自然保护区 2009—2010 狩猎规定》为例。该规定对捕猎的时间规定极为具体，"在日出 30 分钟前，日落 30 分钟后，禁止任何打猎行为"，"禁止在 4 月 1 日至 5 月 15 日期间，利用猎犬进行打猎"，"禁止在 3 月 1 日至 5 月 31 日期间对鱼类进行捕捉"。这些日期上的规定，都是根据动物的作息规律和生长周期来制定的，具有科学性，在立法上更具有指导性。就狩猎的地点而言，该规定"禁止在距离城市或乡村边界 150 英尺内进行狩猎活动"，"禁止在距离住宅 50 码内进行狩猎"。这些规定极大地增强了自然遗产保护立法的可适用性。

除此之外，一些立法还过于糊模。以《自然保护区条例》第 2 条规定为例，该条规定"自然保护区是指对有代表性的自然生态系统、珍稀濒危野生动植物物种的天然集中分布区、有特殊意义的自然遗迹等保护对象所在的陆地、陆地水体或者海域，依法划出一定面积予以特殊保护和管理的区域"，"对具有重大科学文化价值的地质构造、著名溶洞、化石分布区、冰川、火山、温泉等自然遗迹可以设立自然保护区予以特殊的保护"。其所谓的"特殊性保护",究竟是什么样的保护,应该由谁以什么样的方式来保护,不得而知。

同样的情况还存在于地方性法规中。《福建省武夷山世界文化和自然遗产保护条例》《四川省世界遗产保护条例》等都是对上位法的简单复制,对于保护对象和保护方法也仅是作出一般性的规定,在实践过程中不具有指导性和可操作性。

五、法律责任制度不完善

一个完整的法律规范包括"假定""处理""制裁"三个要素。观察现行立法,可以发现有的地方立法法律责任规定的保护性规则并没有与前述条文中的调整性规则一一对应,因而无法拼接出逻辑完整的法律规范。❶ 虽然《刑法》第 6 章"妨害社会管理秩序罪"中第 6 节"破坏环境资源保护罪"规定了相关的刑事责任,但是该节当中能适用于自然遗产的刑事责任却有限,大多刑事责任针对的是普通的环境破坏行为,而其他的行政法规、部门规章和地方性法规,主要以行政处罚为主,在行政处罚的方式上又主要以罚款作为最主要的手段。行政部门主管机关对企业和个人以责令停产停业、罚款、没收违法所得为主,对于行政人员则以内部行政处分为主,只是笼统规定了情节严重构成犯罪的追究刑事责任以及造成损失的承担赔偿的民事责任。❷ 例如,《治安管理处罚法》第 63 条规定:"有下列行为之一的,处警告或者

---

❶ 彭蕾.世界文化遗产地方立法路径谈[J].中国文化遗产,2019(2):64.

❷ 陈润根.我国民族地区世界自然遗产法律保护的不足及完善——以贵州荔波为例[J].贵州民族研究,2018(8):20.

200 元以下罚款；情节较重的，处 5 日以上 10 日以下拘留，并处 200 元以上 500 元以下罚款：（一）刻画、涂污或者以其他方式故意损坏国家保护的文物、名胜古迹的；（二）违反国家规定，在文物保护单位附近进行爆破、挖掘等活动，危及文物安全的。"《自然保护区条例》第 35 条规定："违反本条例规定，在自然保护区进行砍伐、放牧、狩猎、捕捞、采药、开垦、烧荒、开矿、采石、挖沙等活动的单位和个人，除可以依照有关法律、行政法规规定给予处罚的以外，由县级以上人民政府有关自然保护区行政主管部门或者其授权的自然保护区管理机构没收违法所得，责令停止违法行为，限期恢复原状或者采取其他补救措施；对自然保护区造成破坏的，可以处以 300 元以上 10000 元以下的罚款。"再如《福建省武夷山世界文化和自然遗产保护条例》第 38 条规定："违反本条例第 14 条规定的，由武夷山世界遗产管理机构责令改正，并处以 5000 元以上 5 万元以下罚款。"《风景名胜区管理条例》第 41 条规定："违反本条例的规定，在风景名胜区内从事禁止范围以外的建设活动，未经风景名胜区管理机构审核的，由风景名胜区管理机构责令停止建设、限期拆除，对个人处 2 万元以上 5 万元以下的罚款，对单位处 20 万元以上 50 万元以下的罚款。"

行政处罚虽然可以对自然遗产破坏者带来一定程度的惩戒，但无论是威慑力还是惩罚程度与刑事责任相比，都相差甚远。此外，在行政处罚中，还要遵循"一事不再罚"原则，因此无论是从处罚的方式上，还是从处罚的力度上来看，行政处罚的方式都有一定的局限性。而罚款的方式，相对于其他行政处罚手段而言则显得更弱。以《福建省武夷山世界文化和自然遗产保护条例》为例，对破坏自然遗产的行为人最高的罚款额度不超过 5 万元，相对于其从自然遗产获得的收益而言，只不过是极小的一部分。《重庆市武隆喀斯特世界自然遗产保护办法》中第 28 条规定了违反 5 个方面的行为所承担的行政责任，多以罚款为主，最大数额不超过 3 万元。许多自然遗产的破坏行为所带来的损失是无法计算的，而违法者如一些工厂和企业从中获得的利润却远远高出罚款的额度。这就使许多违法者铤而走险，导致自然遗产的破坏行为屡禁不止。法律责任与所造成的损害结果不成比例带来的可能是一些企业和个人为了经济利益而明知故犯。因此，在自然遗产的法律责任制度中应当加强刑事责任的力度，加强对自然遗产破坏行为的威慑力。

第三节　我国自然遗产保护法律制度的完善

一、建立一部自然遗产保护基本法

（一）制定《自然遗产保护法》的必要性

1. 我国现有自然遗产保护立法的不足是建立《自然遗产保护法》的内在需求

我国现有的自然遗产保护法律零星分布在《中华人民共和国环境保护法》《中华人民共和国文物保护法》《中华人民共和国矿产资源法》《中华人民共和国森林法》《中华人民共和国草原法》等法律当中，其内容仅涉及自然遗产保护的某一方面。而有关自然遗产保护的行政法规和部门规章，一方面效力比较低，难以在实践中发挥预想的作用；另一方面这些行政法规和部门规章针对的自然保护区或风景名胜区，其保护的要求和标准远远达不到自然遗产保护的要求。加之地方性法规仅在特定区域内或仅针对某处自然遗产发挥作用，各个法律、法规之间缺乏统筹规划，相互之间缺少整体配合和有效协调，因此亟须制定一部法律效力较高、能够统筹目前零星分散的立法状态的基本法。

2. 国际上自然遗产保护立法的发展趋势是建立《自然遗产保护法》的外在动力

目前世界上的主要国家，无论采取的是分别立法模式，还是综合立法模式，均有自然遗产保护的基本法律作为纲领性的文件来统领其他专项立法。以美国为例，《国家公园管理组织法》是美国国家公园制度的基本大法，其他国家公园的专门立法都是在其授权下进行的。此外，加拿大、意大利、埃及等国家都有专门保护自然遗产的基本法。可以说，构建自然遗产保护的专项立法，已经成为世界各国的立法趋势。将自然遗产的保护纳入法制轨道是有效保护自然遗产的长远之计。❶ 同时，我国又是《世界遗产公约》的缔约国，按照有约必守的原则，我国应当积极履行条约规定的义务。专项立法的方式，一方面体现了一国对自然遗产保护的重视程度，另一方面也可以更好地履行条约赋予的权利和义务。

（二）《自然遗产保护法》的立法原则

立法的基本原则在立法的具体实践中起着重要的指导作用。结合目前世界各国自然遗产立法及国际上现有的保护自然遗产的

---

❶ 尚彦军. 美国自然遗产保护的发展历程与经验——以国家立法为视角 [J]. 遗产与保护研究，2016（6）：76.

国际条约，我国在制定《自然遗产保护法》时应遵循可持续发展原则、保护优先原则、公众参与原则和统一管理原则。

1. 可持续发展原则

可持续发展原则的提出开启了人类社会经济发展的生态化进程。❶ 在国际法层面，可持续发展的理念不仅推动了许多国际法律文件的制定和发展，而且成为国际环境法的基石性原则❷，同时也是保护自然遗产的重要原则之一。自然遗产不仅是当代人的宝贵财富，同时也是后代人的珍贵遗产。每一代人应对其成员提供平等取得和利用前代人遗产的权利并为后代人保存这项取得和利用的权利。因此，在自然遗产的立法过程中，体现可持续发展原则，将自然遗产的保护着眼于未来，着眼于我们的子孙后代。自然遗产属于不可再生资源，我们应当合理利用，不使其消耗殆尽。

2. 保护优先原则

法律确立"保护优先"原则是当下全球环境立法的主流趋势，也是部分国家在应对环境危机时的务实选择。较之"经济优先"原则与"协调发展"原则，"保护优先"原则更有利于消解环境保护与经济发展之间的紧张与冲突，因而先后被部分国家确立为一项环境法基本原则。❸ 自然遗产的自身属性决定了在自然遗产保护的立法过程中，应当坚持保护优先的原则。自然遗产具有不可复制性与不可再生性，一旦遭到破坏，将无法修复甚至不

---

❶ 李传轩. 从妥协到融合：对可持续发展原则的批判与发展[J]. 清华大学学报（哲学社会科学版），2017（5）：151.

❷ 同❶152.

❸ 唐绍均，蒋云飞. 论"保护优先"原则的法律确立与环境影响评价制度的变革[J]. 大连理工大学学报（社会科学版），2020（1）：103.

复存在。"保护优先"原则建立在人类对"经济优先"原则的深入检讨之上，强调在自然遗产保护与开发利用出现无法兼顾的冲突时，优先选择保护，放弃会对自然遗产造成不可逆转损害的开发利用，这对自然遗产保护大有裨益。❶我们应当以保护优先、合理开发作为立法的基本原则来协调自然遗产开发利用与保护之间的关系，协调好遗产保护的长远利益与眼前利益。

3.公众参与原则

公众参与原则在国际法上的依据可以追溯到1992年《里约热内卢环境与发展宣言》原则十，它不仅承认了公众舆论的重要性，而且还强调公众了解和参与处理环境问题的意义。❷自然与人文遗迹不是孤立的个体性存在，而是在特定的空间领域与周边社区及居民存在共生共存的关系。遗迹资源的共有性、公共性与共益性决定了对其保护及开发利用工作离不开公众的参与和监督。❸公众参与尽管有赋予义务的内容，但其在本质上是对公众的一项授权。❹目前，一些国家自然遗产立法出现了一个新的趋势，即强调公众参与自然遗产保护的重要性。这是因为，公众参与自然遗产的保护与管理一方面可以调动他们的积极性，使他们在自然遗产的保护过程中增强对自然遗产的认知感，增强对国家历史文化的荣誉感，从而使其主动承担起保护自然遗产的任务，提高保护自然遗产的意识；另一方面，可以对政府和其他自然遗

❶ 唐绍均，蒋云飞.论"保护优先"原则的法律确立与环境影响评价制度的变革[J].大连理工大学学报（社会科学版），2020（1）：103.

❷ 林灿铃.论中国应对气候变化立法的基本原则[J].贵州省党校学报，2018（5）：83.

❸ 岳小花.中国自然与人文遗迹保护立法的现状、反思与完善路径[J].河北法学，2020（1）：179.

❹ 同❷82.

产管理主体起到有效的监督和促进作用，有利于平衡不同利益主体之间的诉求。

4.统一管理原则

目前，我国自然遗产立法部门条块化现象严重，在同一层次上存在多个不同的立法主体。例如，中华人民共和国文化和旅游部、中华人民共和国生态环境部、国家林业和草原局、中华人民共和国住房和城乡建设部等都享有不同程度的立法权。自然遗产立法需要确立统一管理的原则，即除空间上的统筹以外，实际治理层面关键在于两个统一行使——统一行使全民所有自然遗产所有者职责，统一行使所有遗产资源用途管制。❶

（三）制定《自然遗产保护法》应注意的几个问题

我国《自然遗产保护法》的制定应当借鉴世界其他国家的立法经验，同时结合现有的国际条约。我国制定《自然遗产保护法》应当注意以下四个方面的内容：第一，自然遗产的管理主体。目前我国自然遗产由相关部门根据各自职权分别进行管理。而欧美国家大都建立了单独的综合管理机构，统一负责自然遗产的管理。我国的《自然遗产保护法》应当确定一个统一的管理部门来对自然遗产进行综合管理，或是借鉴美国的做法，设立一个专门的国家自然遗产管理局来专门履行自然遗产保护的职责。第二，扩大对自然遗产的理解。从目前国际立法的发展趋势来看，自然遗产的类型已经不仅仅局限于《世界遗产公约》的规定。随着实践的发展，出现了"自然景观"这一新概念，同时有价值的野生动植物也被一些国际条约列入自然遗产的范围中。因此，我

---

❶ 魏钰，等.地役权对中国国家公园统一管理的启示——基于美国经验[J].北京林业大学学报（社会科学版），2019（1）：71.

国的《自然遗产保护法》应当扩大对自然遗产的内涵和外延。第三，我国的《自然遗产保护法》应当对自然遗产经营权的模式、经营权的转让、经费的来源及分配等问题进行明确规定。目前，我国的自然遗产立法对于以上问题规定模糊，应当对自然遗产经营权出让的范围、程序、经营范围等问题作出明确的规定。第四，建立有效的自然遗产法律责任制度。除了现有的民事责任、行政责任外，《自然遗产保护法》应当加大对破坏自然遗产行为的刑事处罚力度，建立相应的破坏自然遗产的专项罪名。

二、修改和完善现行自然遗产保护的相关立法

由于《自然遗产保护法》的制定并非一朝一夕之功，因此在《自然遗产保护法》尚未出台前，我们应当修改和完善现有的法律制度，使其能够满足实践的需要。此外，《自然遗产保护法》出台之后，也需要有其他的法律加以配合，这样才能形成一整套完整、相互协调的自然遗产保护法律体系。

首先，理清不同管理主体之间的关系。由于我国目前自然遗产管理条块化现象严重，因此应当明确不同管理主体的职责和权限。当不同管理主体的权限相互重叠或冲突时，应当由全国人民代表大会或其常委会作出司法解释，来协调不同主体之间的关系。或者可以考虑在现有管理部门的基础上建立一个多方合作的联合管理部门，或直接组建一个新的部门来对自然遗产进行专门管理。

其次，提高现有的立法层次。目前我国自然遗产保护法多为行政法规和规章，立法层次较低，效力大打折扣。因此，应当提高现有立法的法律层次，颁布一些全国性的法律，提高自然遗产保护法律的效力。全国人大环境与资源保护委员会（以下简称

"环资委")已经意识到目前中国自然保护区应有的法律地位尚未完全明确，现行的以《自然保护区条例》为核心的法规体系已不能适应自然保护区发展的需要，因此当前亟须建立一套适应新形势的法律。

再次，修改现有法律制度的部分内容。目前，有关自然遗产保护法律法规多为宏观性的禁止性规定，在实践中操作性不强，同时，一些条款的规定过于模糊，缺少具体的实施机制。因此，在《自然遗产保护法》问世之前，应当尽快修改现有立法的不当之处，使其能够满足现有实践的需要。

最后，完善自然遗产管理的监督机制。目前，我国并没有建立自然遗产管理的监督机制，现有法律制度对于自然遗产管理者的约束力也有限。因此，在现有的法律条件下，应当加强自然遗产管理者自身的监督和约束，建立明确的责任制度，惩治管理者在自然遗产保护中滥用公职或玩忽职守等行为。

三、完善自然遗产法律保护的配套制度

（一）建立信息公开制度

信息公开制度的建立应当包含两方面的内容：一方面，作为自然遗产的管理部门应当将自然遗产的现状、保护情况、受破坏情况等信息公开，让公众了解主管部门的工作进展，从而为自然遗产保护的决策和执行提供更全面的信息。公民享受有知情权，主管部门应当实行政务公开的原则，定期向公众汇报自然遗产的保护状况，这在一定程度上也能起到公众参与和监督的作用。欧盟十分重视环境保护信息的公开，并为此设立了欧洲环境局作为

专门的组织机构，来收集并向公众汇报环境保护的情况。另一方面，作为自然遗产的主管部门应当对公众进行宣传和教育，普及自然遗产保护的基本知识，介绍自然遗产保护的相关法律和政策。让公众了解自然遗产的重要性，唤醒公众的认识感和认同感，激发公众保护自然遗产的热情和积极性，使他们能够主动地、以主人翁的姿态，参与自然遗产的保护工作。自然遗产的主管部门应当建立相关的自然遗产保护网站或出版关于自然遗产知识的宣传手册、杂志。自然遗产保护宣传教育是关键，要保护中国的自然遗产，就必须要让更多的人认识到自然遗产的珍贵性和不可再生性。在宣传教育过程中，尤其要提高青少年自然遗产保护意识，发挥志愿者和群众组织的重要作用，推动自然遗产保护事业可持续发展。

（二）建立我国《自然遗产名录》制度

由于每个成员国每年向世界遗产管理委员会申请列入《世界遗产名录》的遗产数目极其有限，因此我国应当建立自己的《自然遗产名录》。对那些达到自然遗产标准却没有列入《世界遗产名录》的自然遗产行评测，一旦达到标准，应当列入我国《自然遗产名录》。这一做法一方面可以对没有列入《世界遗产名录》的自然遗产进行保护，对我国的自然遗产进行全面的掌握和梳理；另一方面也为该自然遗产将来申请世界遗产工作打下良好的基础。同时，这一制度也可以在省市和自治区层面开展，各省市或自治区可以建立本辖区内的自然遗产名录，这样就可以形成一套由中央到地方的自然遗产保护体系，使自然遗产的保护工作更加系统化、全面化。

（三）建立自然遗产监测巡视制度

自然遗产具有珍稀性和不可再生性，事后的惩罚虽然能够在一定程度上弥补自然遗产遭受破坏，但是如果想从根本上和源头上制止自然遗产的破坏行为，就必须建立完善的事先预防制度。

1972年《世界遗产公约》中，关于监测尚无明确条款，但是提出了相关内容。世界遗产委员会经过与成员国协商后，认为应当对自然遗产的保护状况进行跟踪监测，要求各缔约国就有关保护状况定期向联合国教科文组织提交报告。这实际上是建立监测制度的开端。1999年，世界遗产主席团大会修改了章程，将监测工作明确列为世界遗产委员会的职责之一。

作为《世界遗产公约》的缔约国，我国应当根据公约的要求建立有效的监测巡视制度，要求各个自然遗产保护单位定期向上级主管部门报告自然遗产保护工作的开展和进行情况，再由负责部门定期向世界遗产管理委员会进行汇报。监测制度的建立可以为自然遗产的保护建立起有效的预警机制，可以对自然遗产的破坏行为早发现、早预防，防患于未然。值得注意的是，为了使我国世界遗产的监测巡视制度能更规范化、系统化，达到《世界遗产公约》的要求，国家文物局决定出台系统的监测巡视制度。国家文物局负责人提出："世界遗产的监测巡视制度将从世界遗产委员会、国家文物局、各地方相关管理部门三个层面进行，《世界遗产公约》是制定标准的基础。同时，国家文物局将结合国内具体情况，制定一些硬性指标。这些硬件指标包括类似环境监测、旅游监测、文物本体保存状况监测。届时，将以国家文物局组织专家监测组的形式，对各世界遗产进行缓冲区、环境景观破

坏，有无乱建搭建物，文物本体的保存状况等进行监测。" ❶

（四）建立自然遗产基金制度

自然遗产保护是一项纷繁复杂的系统工程，需要大量的人力、物力和财力。没有足够的资金支持，自然遗产的保护工作将举步维艰。《世界遗产公约》已经建立了世界遗产基金，用于世界自然遗产的保护和修复工作。美国等发达国家都为自然遗产保护投入了大量的资金。一些自然遗产还建立了专项基金，用于该遗产的保护事业。作为世界自然遗产的大国，我国政府也应当建立专门的自然遗产保护基金制度，用于自然遗产的保护、科研和维护工作。同时，地方政府和自然遗产保护单位也应当建立专项自然遗产基金制度，为该区域内或特定的自然遗产保护工作提供经济支持。2009年，中华社会文化发展基金会甲骨文建设发展基金管委会在安阳正式设立，这是全国首家世界文化遗产保护专项基金。关于自然遗产保护基金的来源可以从以下几个方面来考虑：首先，国家和地方应当加强对自然遗产保护基金的投入，这是基金的主要来源；其次，面向社会各界募集基金，拓宽基金的来源渠道，使各界人士都能够参与自然遗产保护行动；再次，从自然遗产风景区的门票收入等公共性质收益中拿出一定的比例，投入自然遗产基金；最后，对于在自然遗产范围内从事经营活动的单位或个人，应当从他们缴纳的税收中拿出适当的比例，用于保护自然遗产的事业。

---

❶ 国家文物局拟将出台系统的世界遗产监测巡视制度[EB/OL].（2006-08-18）［2020-03-18］. http://www.ce.cn/culture/news/200608/18/t20060818_8187830.shtml.

小　结

一国自然遗产保护立法水平，是该国自然遗产保护制度完备程度的重要体现。从我国目前的立法实践来看，自然遗产保护过多地依赖行政法规、部门规章和地方性法规，在法律层面尚没有专门的自然遗产保护立法，涉及自然遗产保护的法律仅在个别条款上与自然遗产保护有关。可以说，我们目前还没有成熟的自然遗产保护的立法体系，许多自然遗产的保护工作还处于无法可依的状态。

就我国现有的自然遗产立法而言，由于立法主体多样化且条块化现象严重，导致不同的立法之间相互重叠或冲突，而行政法规、部门规章和地方性法规的法律位阶又比较低，在自然遗产保护方面显得心有余而力不足。涉及自然遗产保护的法律大部分颁布的时间比较早，许多条款已无法满足时代发展的需要。而在行政法规和规章中，大量的禁止性条款过于抽象化和原则化，不具有可操作性，这就使许多的条款无法发挥应有的作用。对于破坏自然遗产行为的惩罚措施，我国的法律法规多以行政处罚为主要手段，而在行政处罚中，又以罚款作为主要形式，无论是威慑力还是惩罚力度都难以达到惩戒违法者、教育社会公众的目的。

因此，我们应当结合世界各国的立法经验，颁布中国的《自然遗产保护法》来统领和指导自然遗产的保护工作。在立法过程中，应当确立立法的基本原则和指导思想，并对当前自然遗产保护过程中出现的新趋向作出回应。在这部法律尚未出台之前，我们应当对现有立法进行修改和完善，使其能够满足实践的需要。除了建立有效的法律体系之外，我们还应当建立相应的配套制度。我们应尽快建立起《自然遗产名录》、自然遗产保护的信息公开制度、监测巡视制度和自然遗产保护基金，使这些制度与自然遗产立法相辅相成，形成一个整体的、相互协调配合的自然遗产保护法律体系。

自然遗产保护法律体系的建立，不仅是保护自然遗产的客观需要，也是建设社会主义法治国家的必然要求，更是构建人与自然共同相处的和谐社会的需要。因此，我国应当加快自然遗产保护的立法步伐，使我国这些珍贵的自然遗产代代相承，永续发展。

结　论

自然遗产是大自然赋予人类的珍贵财富，保护自然遗产，使其免受侵害是每个国家和个人不可推卸的责任，更是人类文明进步的重要标志之一。

从目前自然遗产保护的国际立法来看，《世界遗产公约》由于颁布时间过早、规定较为原则，在很大程度上已经难以适应发展、变化的形势。但是，《世界遗产公约》作为世界上第一部保护自然遗产与文化遗产的纲领性文件，仍然发挥着重要的作用。因此，各地区、各国际组织应当根据实际情况，以《世界遗产公约》为准则，制定区域性的或专门性的自然遗产保护条约，从而对《世界遗产公约》不合时宜的地方进行修正，以对实践中出现的新问题进行回应。

而从各国立法来看，虽然现在绝大多数国家都已颁布了有关自然遗产保护的法律，但这些立法在保护自然遗产方面仍存在许多亟待完善之处。同时，近年来自然遗产保护立法的整合化趋势适应了自然遗产保护实践的发展，应当为各国的自然遗产立法所借鉴。

随着经济的发展、工业化进程速度的加快，人们对于生活和生产资料的需求与日俱增。于是，人类发展与自然遗产保护之间的冲突屡见不鲜，这给自然遗产的保护带来了许多困境。对于国际投资活动中自然遗产保护争端，除了仲裁与调解等传统的争端解决方式外，我们可以引入文化例外条款作为解决争端的另一种手段。对于与水利建设相关的自然遗产保护争端，我们应当用生态经济学的思维来考虑两者之间的关系。而对于自然遗产保护中相邻权的冲突，在传统争议解决方式的基础上，应当寻找新的途径来解决这一问题。近年来出现的环境公益诉讼制度，同样可以适用自然遗产保护领域。自然遗产的开发与保护，现实中面临许多困境。法律救济虽然能够在一定程度上制止破坏行为，但法律救济毕竟是事后救济，要想根本上化解这些困境，还需要人们正确处理好保护与开发的关系。

就我国自然遗产保护法来说，目前还不完善，现有的法律制度无法满足现实的需要。因此，我们需要积极参与国际社会自然遗产的立法活动，与国际接轨；同时，吸取其他国家的先进立法经验，根据我国的国情，制定出符合我国现实需要、有中国特色的自然遗产保护法律制度。这是构建和谐社会的必然要求，也是建立一个负责任的大国必经之路。

参考文献

中文文献

［1］王曦.国际环境法［M］.2版.北京：法律出版社，2005.

［2］张梓太.自然资源法学［M］.北京：北京大学出版社，2007.

［3］常纪文，杨朝霞.环境法的新发展［M］.北京：中国社会科学出版社，2008.

［4］王灿发，常纪文.环境法案例教程［M］.北京：清华大学出版社，2008.

［5］徐祥民，王光和.生态文明视野下的环境法理论与实践［M］.济南：山东大学出版社，2007.

［6］吕忠梅.超越与保守——可持续发展视野下的环境法创新［M］.北京：法律出版社，2003.

［7］文同爱.生态社会的环境法保护对象研究［M］.北京：中国法制出版社，2006.

［8］张梓太.环境法律责任研究［M］.北京：商务印书馆，2004.

［9］国家环境保护总局.自然保护区环境执法依据手册［M］.2005.

［10］邓一峰.环境诉讼制度研究［M］.北京：中国法制出版社，2008.

［11］张朝枝. 旅游与遗产保护［M］. 北京：中国旅游出版社，2006.

［12］郑玉歆，郑易生. 自然文化遗产管理［M］. 北京：社会科学文献出版社，2003.

［13］张松. 城市文化遗产保护国际宪章与国内法规选编［M］. 上海：同济大学出版社，2007.

［14］郭万平. 世界文化与自然遗产［M］. 杭州：浙江大学出版社，2006.

［15］彭德成. 中国旅游景区治理模式［M］. 北京：中国旅游出版社，2003.

［16］单霁翔. 文化遗产保护与城市文化建设［M］. 北京：中国建筑工业出版社，2009.

［17］孙克勤. 世界文化与自然遗产概论［M］. 武汉：中国地质大学出版社，2005.

［18］郭玉军，徐锦堂. 国际水下文化遗产若干法律问题研究［J］. 中国法学，2004（3）.

［19］郭玉军，高升. 文化财产争议国际仲裁的法律问题研究［J］. 当代法学，2006（1）.

［20］郭玉军，甘勇. 谁拥有"谢里曼"黄金——古希腊文化财产归属之争的法律解决［J］. 湖北美术学院学报，2001（2）.

［21］张炳淳. 我国文化和自然遗产、遗迹法律保护的回顾与前瞻［J］. 陕西教育，2008（6）.

［22］袁正新，刘世雄. 维护世界自然遗产真实性和完整性的法律思考——以武陵源为例［J］. 北方经济，2007（18）.

［23］黄德林，朱清. 当前自然遗产保护的法制缺陷及其完善建议［J］. 湖北社会科学，2005（3）.

［24］郭旃. 中国"世界自然遗产"可持续利用法律保护对策研究［J］. 中国文物报，2002（11-6）.

［25］周年兴，等. 世界自然遗产地面临的威胁及中国的保护对策［J］. 自然资源学报，2008（1）.

［26］黄德林. 论建立和完善国家自然遗产管理制度［J］. 中国人口，2007（5）.

［27］王丽丽. 国外国家公园社区问题研究综述［J］. 云南地理环境研究，2009（1）.

［28］马有明，等. 国外国家公园生态旅游开发比较研究——美国黄石、新西兰峡湾及加拿大班夫国家公园为例［J］. 昆明大学学报，2008（2）.

［29］王明远. 美国生物遗传资源获取与惠益分享法律制度介评——以美国国家公园管理为中心［J］. 环球法律评论，2008（4）.

［30］李如生. 美国国家公园的法律基础［J］. 中国园林，2002（5）.

［31］王灿发. 论我国环境管理体制立法存在的问题及其完善途径［J］. 政法论坛，2003（8）.

［32］王雅梅，等. 欧盟保护开发文化和自然遗产的成功经验有哪些可资借鉴［J］. 中华文化论坛，2004（4）.

［33］颜士鹏，骆颖. 国家级自然保护区"一区一法"立法模式的理论分析［J］. 世界林业研究，2007（5）.

［34］孙佑海，陈少云. 关于制定《自然保护区法》的论证［J］. 环境保护，2004（3）.

［35］董跃. 多维视角下的生物多样性法律问题论纲［J］. 河北法学，2009（1）.

［36］黄德林，董邦俊. 古生物化石及地质遗迹的刑法保护研究［J］. 河北法学，2005（7）.

［37］王作全，等. 关于生态补偿机制基本法律问题研究［J］. 中国人口，2006（1）.

［38］世界遗产的分类及标准［EB/OL］.（2010–12–07）［2020–03–18］. http：//www. docin. com/p–104523881. html.

［39］第9届中日韩友好城市大会闭幕 发表奈良宣言［EB/OL］.（2008–08–28）［2020–03–17］. http：//news. sohu. com/20070828/n251829769. shtml

［40］政府间文化政策促进发展会议［EB/OL］.（2010–06–25）［2020–03–16］. https：//wenku. baidu. com/view/0f29bfeb6294dd88d0d26bff. html.

［41］关于在国家一级保护文化和自然遗产的建议［EB/OL］.（2005–01–10）［2020–03–18］. http：//www. people. com. cn/GB/wenhua/1087/2439277. html

［42］刘文华. 论国际环境法对世界文化与自然遗产的保护［EB/OL］.（2005–11–07）［2020–03–17］. https：//www. chinacourt. org/article/detail/2005/11/id/185291. shtml.

［43］第28届世遗大会闭幕通过"苏州决定"和"苏州宣言"［EB/OL］.（2004–07–08）［2020–03–16］. http：//www. people. com. cn/GB/wenhua/22219/2623714. html

［44］联合国教科文组织、保护世界文化与自然遗产政府间委员会、世界遗产中心，实施《世界遗产公约》操作指南［EB/OL］.（2017–07–12）［2020–03–18］. http：//www. icomoschina. org. cn/uploads/download/20180323155730_download. pdf.

［45］陈绍志，赵劼. 有效管理和公众参与的北美印记［EB

OL].（2014-03-26）[2020-03-16]. http: //www. chla. com. cn/
htm/2014/0326/205032_2. html.

［46］张柔然，王紫逸，钟映秋. 文化与自然融合：世界遗
产管理与研究的新方向 [EB/OL].（2019-02-15）[2020-03-17].
https: //www. chinesefolklore. org. cn/web/index. php?NewsID=18706.

［47］宋瑞. 国家公园治理体系建设的国际实践与中国探索
[EB/OL].（2015-02-06）[2020-03-17]. https: //travel. ifeng. com/
china/detail_2015_02/06/40466156_0. shtml.

［48］国家文物局拟出台系统的世界遗产监测巡视制度 [EB/
OL].（2006-08-18）[2020-03-18]. http: //www. ce. cn/culture/
news/200608/18/t20060818_8187830. shtml.

外文文献

［1］GERSTENBLITH PATTY. Art，Cultural Heritage，and the
Law: Cases and Materials[M]. Durham: Carolina Academic Press，2008.

［2］BARBARA T HOFFMAN. Art and Cultural Heritage: Law
Policy and Practice[M]. Cambridge，New York: Cambridge University
Press，2006.

［3］SHERRY HUTT. Heritage Resources Law: Protecting the
Archeological and Cultural Environment[M]. New York: John Wiley
Press，1999.

［4］THOMAS F KING. Cultural Resource Laws and Practice: An
Introductory Guide[M]. Walnut Creek: Alta Mira Press，2004.

［5］DALLEN J TIMOTHY，GYAN P NYAUPANE. Cultural Heritage
and Tourism in the Developing World: A Regional Perspective[M]. New York:
Routledge Press，2009.

［6］RICHARD LONGSTRETH. Cultural Landscapes［M］. London: University of Minnesota Press，2008.

［7］PETER HOWARD，THYMIO PAPAYANNIS. Natural Heritage: At The Interface of Nature and Culture［M］. New York: Routledge Press，2007.

［8］PETER FOWLER. Landscapes for the World: Conserving A Global Heritage［M］. Bollington: Windgather Press，2004.

［9］DALLEN J TIMOTHY. The Political Nature of Cultural Heritage and Tourism［M］. Hants，Burlington: Ashgate Press，2007.

［10］DALLEN J TIMOTHY. Managing Heritage and Cultural Tourism Resources［M］. Hants，Burlington: Ashgate Press，2007.

［11］STEFAN FISCH. National Approaches to the Governance of Historical Heritage Over Time: A Comparative Report［M］. Amsterdam: IOS Press，2008.

［12］KOTHARI ASHISH. Managing Protected Areas: A Global Guide Lockwood［M］. New York: Routledge Press，2006.

［13］BADMAN TIM，DINGWALL PAUL R，BOMHARD BASTIAN. Natural World Heritage Nominations: A Resource Manual for Practitioners［M］. Gland，Cambridge: World Conservation Union Press，2008.

［14］HDODFF ABHSIH. Regional Workshop On Nature and Biodiversity as World Heritage: Implications for National Nature Conservation and Protected Area Management Policies in East and Southeast Asia［M］. Gland，Cambridge: World Conservation Union Press，2000.

［15］SMITH GEMMA，JAKUBOWSKA JANINA. A Global Overview of Protected Areas on the World Heritage List of Particular

Importance for Biodiversity[M]. Cambridge: World Conservation Monitoring Centre Press, 2000.

[16] AWIMBO JANET. Community Based Natural Resource Management in the IGAD Region[M]. Gland, Cambridge: World Conservation Union Press, 2004.

[17] HILL RYAN, MOYO SAM. A Critique of Transboundary Natural Resource Management in Southern Africa[M]. Gland, Cambridge: World Conservation Union Press, 2001.

[18] GREGORY A THOMAS, TARA L MUELLER. Reflections on the "Model Water Transfer Act" by the Natural Heritage Institute[J]. Hastings West-Northwest Journal of Environmental, 2008 (14).

[19] FRANCESCO FRANCIONI. Beyond State Sovereignty: The Protection of Cultural Heritage as A Shared Interest of Humanity[J]. Michigan Journal of International Law, 2004 (25).

[20] GREGORY A THOMAS. Conserving Aquatic Biodiversity: A Critical Comparison of Legal Tools for Augmenting Stream Flows in California[J]. Environmental Law, 1996 (15).

[21] KANCHANA WANGKEO. Monumental Challenges: The Lawfulness of Destroying Cultural Heritage During Peacetime[J]. Yale Journal of International Law, 2003 (28).

[22] ARUN AGRAWAL. Enchantment and Disenchantment: The Role of Community in Natural Resource Conservation[J]. World Development, 1998 (4).

[23] DAVID S SAMPSON. Maintaining the Cultural Landscape of the Hudson River Valley: What Grade Would the Hudson River School Give Us Today?[J]. Albany Law Environmental Outlook Journal, 2004 (8).

［24］LAKSHMAN GURUSWAMY, JASON C ROBERTS, CATINA DRYWATER. Protecting the Cultural and Natural Heritage: Find Common Ground［J］. Tulsa Law Review View, 1994（1）.

［25］BRUCE BABBITT. Restoring Our Natural Heritage［J］. Natural Resources & Environment, 2000（14）.

［26］SPENCER A KINDERMAN. The Unidroit Draft Convention on Cultural Objects: An Examination of the Need for a Uniform Legal Framework for Controlling the Illicit Movement of Cultural Property［J］. Emory International Law Review, 1993（7）.

［27］LEE GODDEN. Preserving Natural Heritage: Nature as Other［J］. Melbourne University Law Review, 1998（22）.

［28］TREVOR ATHERTON. The Power and the Glory: National Sovereignty and the World Heritage Convention［J］. Australian Law Journal, 1995（69）.

［29］GAIL MORGAN. The Dominion of Nature: Can Law Embody A New Attitude?［J］. Bulletin of the Australian Society of Legal Philosophy, 1993（18）.

［30］SARA PARKER. The CRM Approach: Protecting Missour's Natural Heritage［J］. Natural Resources & Environment, 1996（10）.

［31］GONZALO DELACAMARA. Ethics, Economics and Environmental Management［J］. Ecological Economics, 2006（4）.

［32］PEARMAN P B, PENSKAR M R. Identifying Potential Indicators of Conservation Value Using Natural Heritage Occurrence Data［J］. Ecological Applications, 2006（1）.

［33］BRIAN GARROD, ALAN FYALL. Heritage Tourism: A Question of Definition［J］. Annals of Tourism Research, 2001（4）.

［34］BUCKLEY R, PANNELL J. Environment Impacts of Tourism and Recreation in National Parks and Conservation Reserves［J］. Journal of Tourism Studies, 1990 (1).

［35］CEVAT TOSUM. Challenge of Sustainable Tourism Development in the Developing World: The Case of Turkey［J］. Tourism Management, 2001 (22).

［36］DONALD J HELLMANN. City and the Environment Symposium: The Path of the Presidio Trust Legislation［J］. Golden Gate University Law Review, 1998 (28).

［37］JOSEPH W DELLAPENNA. The Two Rivers and the Lands Between: Mesopotamia and the International Law of Transboundary Waters［J］. Brigham Young University Journal of Public Law, 1996 (10).

［38］J H MERRYMAN. The Public Interest in Cultural Property［J］. California Law Review, 1999 (77).

［39］M CATHERINE VERNON. Common Cultural Property: The Search for Rights of Protective Intervention［J］. Case Western Reserve Journal of International Law , 1994 (26).

［40］STEPHANIE DOYAL. Implementing the Unidroit Convention on Cultural Property into Domestic Laws: The Case of Italy［J］. Columbia Journal of Transnational Law, 2001 (39).

［41］BEN BOER. World Heritage Disputes in Australia［J］. Journal of Environmental Law & Litigation , 1992 (7).

［42］EKANAYAKE S P. A Biodiversity Status Profile of Bundala National Park: A Ramsar National Wetland of Sri Lanka［J］. Case Western Reserve Journal of International Law , 2002 (26).

［43］CHRIS WOLD. World Heritage Species: A New Legal Approach to Conservation［J］. Georgetown International Environmental Law Review，2008（20）.

［44］BRUCE BABBITT. Restoring Our Natural Heritage［J］. Natural Resources & Environmental，2000（14）.

［45］DANIEL SUMAN. World Heritage: Challenges Faced by Restoration Efforts in Panama City's San Felipe Historic District［J］. Tennessee Journal of Law and Policy，2008（4）.

后 记

　　本书在我博士论文的基础上修改完成。10 年前，我完成了博士论文答辩，告别了我的学生时代，离开了武汉大学珞珈山。10 年之后，当我准备出版这本书稿时，简直无法相信时间如此之快。

　　与 10 年前相同的是，我依然要感谢我的恩师郭玉军教授。十三年前，蒙恩师不弃，将我招至门下，帮我实现了人生中最为重要的一次转折。恩师的人品和学品有口皆碑，是学生一生学习的榜样。感谢恩师的知遇之恩、培养之恩和提携之恩，学生会继续努力，不辱师门。

　　与 10 年前相同的是，我依然无比留恋在武汉大学求学的 3 年。这 3 年里，我流连在中国最美丽的大学；这 3 年里，我畅游在中国最好的国际法学府；这 3 年里，我 4 次获得了欧洲国际法研究机构的奖学金，走遍了欧洲 21 个国家；这 3 年里，我有幸获得中华发展基金的资助赴宝岛台湾学习 4 个月；这 3 年里，我还获得国家留学基金委的资助赴美国杜克大学法学院学习 8 个月。10 年之后，再去回忆当年四处游学的情景，不经意间已满眼泪花，激荡的青春虽然不能天长地久，但感恩自己曾经拥有。

　　与 10 年前不同的是，我已由一个学生变为一名教师。10 年前我孤身一人背着行囊来到这个座陌生的城市和学校，记不得有多少个夜晚与键盘相伴，感谢自己曾经的坚持，更感谢一路帮助和支持我的师友。未来的路依然很长，愿自己不忘初心，勇敢前行。

与 10 年前不同的是，我已由一个男孩变成两个女儿的爸爸。10 年里我承担着儿子、丈夫和爸爸的多种角色，虽然生活给予了我很多的坎坷，但同时给予了我更多的欢乐。感谢父母无怨无悔的培养，感谢爱人默默无闻的支持，感谢女儿们天真无邪的相伴。

不念过去，不畏将来，迎接美好的明天！

马明飞

2020 年 5 月于大连